성서의 가난한 사람들

THE CRY OF GOD: THE LIBERATION OF THE POOR
By In-Syek (Paul) Sye

© Benedict Press, Waegwan, Korea 1979

성서의 가난한 사람들
1979년 5월 초판 | 2007년 1월 14쇄
지은이 · 서인석 | 펴낸이 · 이형우
ⓒ 분도출판사
등록 · 1962년 5월 7일 라15호
718-806 경북 칠곡군 왜관읍 왜관리 134의 1
왜관 본사 · 전화 054-970-2400 · 팩스 054-971-0179
서울 지사 · 전화 02-2266-3605 · 팩스 02-2271-3605
www.bundobook.co.kr
ISBN 89-419-7203-5 03230
값 8,000원

성서의 가난한 사람들

서인석 지음

분도출판사

아버님
하정霞汀 서정덕徐廷德 박사의
고희(1979년 5월 26일)를 맞이하여
작은 효성의 표시로
이 소책자를 드립니다

불초자 인석 올림

책 머리에

아버님께 드리려고 이 책을 썼다. 고희를 맞도록 10남매를 낳아 기르시느라고 백발이 되셨다. 65세에 영남대학교 대학원장직을 정년퇴직하고 계속해서 대구의 사회사업대학원장으로 재직하고 계시다. 그리고 고향인 대구에서 40년이 넘도록 교육에 투신하여 수많은 제자들을 배출하셨다고 한다. 오늘도 사회사업대학 교단에 서시며 노인대학을 돌보시고, 맹인·농아·장애자 등 현대의 "가난한 사람들"의 교육을 위해서 일하고 계시다. 그분은 평생토록 자식들과 제자들 그리고 가난한 사람들을 위해서 살고 계시다. 불초자는 아버님의 생애가 "남을 위한 삶"이라고 감히 말씀드리고 싶다.

예루살렘 성전의 "아름다운 문" 곁에 앉아 성전으로 들어가는 사람들에게 구걸하던 앉은뱅이를 고친 베드로의 이적사화가 문득 생각난다(사도 3.1-10). 성전에 기도하러 들어가던 사도 베드로를 보고 앉은뱅이는 구걸하였다. 그러자 베드로는 "나는 돈이 없습니다. 그러나 내가 줄 수 있는 것은 이것입니다. 나자렛 예수 그리스도의 이름으로 걸어가시오" 하며 그의 오른손을 잡아 일으켰다. 그러자 그 앉은뱅이는 당장에 다리와 발목에 힘을 얻어 벌떡 일어나 걷기 시작하였고, 베드로와 요한과 함께 성전에 들어가 하느님을 찬양하였다고 한다. 아버님께서 "현대의 가난한 사람들"인 신체장애자·근로자·고아·이향자離鄕者, 노인·맹인·농아들에게 주실 수 있는 것이 금과 은이 아니라, 빈자貧者들에게 기울이는 정성과 사랑이 되기를 바라는 마음에서 이 소책자를 썼다. 아버님께서 만수무강하시고, 당신의 사랑이 하느님의 사랑과 합일할 것을 기원하며 시편 시인의 노래를 빌려 이렇게 기도하고 싶다.

> 야곱의 하느님이 그의 구원이신 자
> 그의 희망 야훼 하느님이신 자는 복되어라
> 그 주님 만드셨도다 하늘과 땅을
> 바다와 그 안에 있는 모든 것을
> 당신은 언제나 신의信義를 지키시고
> 억울한 사람들을 정의正義로 판단하시며
> 굶주린 이에게는 빵을 주시도다
> 주님은 사로잡힌 이를 풀어주시고
> 주님은 소경의 눈을 열어주시고
> 주님은 억눌린 이 일으켜 주시며
> 주님은 의로운 이를 사랑하시도다
> 주님은 나그네를 지켜 주시고
> 고아와 과부를 보호해 주시나
> 악한 자의 길만은 어지럽게 하시도다 (시편 146,5-9).

"하늘을 향해 부르짖는" 성서의 빈자들에게 하느님은 그들의 해방을 선포하고 계시다. 따라서 우리는 빈자들을 편들어 목청을 높이시는 주님의 외침에서 그들의 희망을 발견해야 하리라.

끝으로 이 책이 나오기까지 필자와 함께 서강대학 신학연구소에서 동고동락하며 협력해 준 친애하는 제자 제석봉 군과, 외할아버지를 위해서 원고 정리 및 교정에 애써준 질녀 안나와, 언제나 끊임없이 후원해준 분도출판사 임 세바스띠아노 신부님께 진심으로 감사드린다.

1979년 2월 28일, 재의 수요일
저자 서인석

차 례

책 머리에 ··· 7

제1장: **성서의 가난한 사람들** ─ 경제·사회적 분석 ············ 15
  가나안 정착 이전의 이스라엘 ······················· 18
    부족사회의 특성 ······························· 19
    반半유목민적 생활양식 ·························· 21
  가나안 정착과 왕정 시대 ·························· 24
  유배와 유배 이후 시대 ··························· 37
  예수 시대 ·· 40
  결론 ·· 46

제2장: **율법은 빈자의 권리** ─ 계약의 법전 ················· 49
  억압 ·· 51
  이스라엘의 이웃 나라들 ··························· 54
  가난한 사람들의 권리는 이스라엘의 법정신法精神 ·········· 60
  계약의 법전: 출애 20,22 - 23,19 ····················· 62
    빈자貧者의 해방 ································· 63
    경제적 약자의 해방 ···························· 66
    노예해방 ·· 71

지도자들에게 요구한 처신 ·························· 80
　　　결론 ··· 81

제3장: **빈자의 권리** ― 신명기 법전과 성(聖)법전 ············ 85
　　신명기 법전에 나타난 빈자의 권리 ···················· 85
　　　빈부 격차의 심화 ·· 85
　　　신명기 법전의 개혁정신 ······························· 88
　　　결론: 식량 ·· 90
　　　　　가족 ·· 98
　　　　　예배$_{culte}$ ·· 98
　　성법전에 나타난 빈자의 권리 ··························· 101
　　　성법전의 "삶의 자리" ·································· 101
　　　성법전의 법정신 ··· 105
　　결론: 율법의 의미와 중대성 ···························· 112

제4장: **예언자는 가난한 사람들의 대변인** ················ 119
　　예언자들은 누구인가? ··································· 119
　　시대의 인물들 ··· 123
　　양심을 일깨우는 자들 ··································· 128
　　　지도자들에 대한 비판 ································· 128
　　　사회불의의 상황 앞에 취한 태도 ················· 140
　　기존 세력의 반응 ··· 144
　　희망의 증인들 ··· 146
　　결론 ·· 152

제5장: **빈자의 기쁨** — 성문서집(지혜문학, 시편) ·················· 157
　　예언자와 현자 ··· 157
　　현자들이 빈자에게 취한 태도 ······················· 165
　　결론: 가난한 자의 기쁨 ································ 173
　　가난한 자들의 기도 ······································ 177
　　착취자 원수들 ·· 181
　　해방자 야훼 ·· 184

맺는 말 ··· 191

제1장

성서의 가난한 사람들
― 경제 · 사회적 분석 ―

어느 날 예수는 "부익부 빈익빈"의 현상과 그 결과에 대해서 아래와 같은 비유를 들어 설교하신 적이 있다.

> 아브라함이 대답했다. "아들아, 돌이켜 생각해 보아라. 네가 살아 있을 때에 너는 좋은 것을 다 받았고 라자로는 나쁜 것을 받았다. 그러나 그는 지금 여기서 위로를 받고 있으며 너는 거기서 고통을 받고 있다. 그뿐 아니라 우리와 너희 사이에는 큰 수렁이 놓여 있기 때문에 여기서 네게 건너가려 해도 가지 못하고 거기서 우리에게 건너오지도 못한다." 부자가 말했다. "아버지, 소원입니다. 그를 내 아버지 집으로 보내 주실 수 없겠습니까? 제 다섯 형제가 거기 있습니다. 라자로가 가서 그들에게 경고하여 고통받는 이곳에 그들이 오지 않게 해주셨으면 합니다." 아브라함이 말했다. "그들에게는 모세와 예언자들이 있으니 그들의 말을 들으면 될 것이다." 부자가 대답했다. "아닙니다. 아버지 아브라함이여, 죽은 자들 가운데서 다시 살아난 사람들 중에 누가 그들에게 가서 말하면 그들이 회개할 것입니다." 아브라함이 그에게 대답했다. "그들이 모세와 예언자들의 말을 듣지 않는다면 죽은 자들 가운데서 다시 살아난 사람들 중에 누가 그들에게 가서 말해도 믿지 않을 것이다"(루가 16,25-31).

부자와 가난한 라자로에 관한 예수의 비유이다. 아브라함은 악한 부자에게 그와 라자로 사이에는 건너갈 수 없는 큰 수렁이 가로놓여 있다고 말한다. 이승에서 부자와 빈자 사이에 가로놓인 장벽이 저 세상에 가면 아브라함까지도 뛰어넘을 수 없는 큰 심연으로 바뀐다는 예수의 경고이다.

> 부자가 하느님 나라에 들어가기보다는 낙타가 바늘귀로 빠져나가기가 더 쉬울 것이다(루가 18,25).

낙타에 비유된 부자가 실처럼 가늘어만진다면 바늘귀를 빠져나갈 수도 있다는 말인가? 이승에서 생긴 빈부 격차의 장벽은 저승에서 신앙인의 원조인 아브라함까지도 도저히 건너갈 수 없는 큰 심연이 된다고 하니 대단히 놀라운 일이다.

그러나 한가닥 희망은 있는 것처럼 보인다. 아브라함은 이승의 부자들이 모세와 예언자들의 말씀을 듣고 회개하면, 저승에서의 그 큰 수렁은 쉽게 건너뛸 수 있는 "실개천"으로 바뀌어진다고 말하고 있기 때문이다.

하여튼 비유의 부자는 큰 수렁 때문에 라자로의 세계에 갈 수 없게 되었고, 또한 이승의 부자 형제들에게 라자로를 보내 달라는 그의 청도 거절당하고 만다. 그렇다면 모세와 예언자들, 그리고 이스라엘의 현자들과 시인들이 "부익부 빈익빈"의 현상에 대해서 무엇을 말했기에 그토록 중대하단 말인가?

율법과 예언서, 현자의 지혜와 시인의 노래가 가난한 사람들을 어떻게 옹호하고 대변했는지 알아보는 것은 곧 성서의 중심사상을 파악하는 것이 된다고 할 수 있겠다.

그러나 이에 앞서 성서가 가난한 사람들에 대해서 어떤 진단을 내렸는지 살펴볼 필요가 있다. 이를 위해서 부자와 라자로의 비유에 등장하는 아브라함에서 시작하여 그 비유를 들려주신 예수님에게까지 이르는 성서의 전(全) 시대에 걸쳐 빈자와 부자에 대한 경제·사회적 분석을 시도하겠다. 그것은 빈부 격차의 스캔들 앞에서 모세와 예언자들, 현자와 시인들이 우리 시대의 인간들도 귀담아들어야 할 교훈과 경종을 울리고 있기 때문이다. 또한 신앙인은 그들의 교훈과 경종을 하느님의 말씀으로 받아들이지 않을 수 없을 것이다.

현대인은 민중의 고난과 현대세계의 커다란 사회불의 앞에서 예리한 반응을 보이고 있다. 그리스도인은 현대인의 이같은 반응에 발맞추어 우리 시대 민중의 고난과 사회불의에 대해서 신앙의 원천인 성서가 무엇을 말하고 있는지 자연히 질문하게 된다. 그것은 그리스도인이 하느님의 말씀 안에서 현실 판단의 척도를 얻고 현실 참여의 향방을 찾을 수 있기 때문이다.

불행히도 대부분의 그리스도인들, 그리고 특히 가톨릭 신자들은 오늘날 성서학의 학문적 요구에 대해서 무지하므로, 성서의 학문적 연구 결과가 신앙인의 단순한 직관에 도전하는 바를 소화시키지 못하고 있는 실정이다. 하여 어떤 그리스도인은 "부자들아, 너희에게 불행이 있으리라"(루가 6,24)고 외치며 부자들에게만 사회불의의 책임을 전가하는가 하면, 어떤 이는 출애굽의 사건에서 민족해방을 부르짖는 역사상의 모든 혁명사상에 대한 성서적 보장 혹은 근거를 찾으려고도 한다. 또 어떤 이는 "가난한 사람들이 늘 너희 가운데 있으리라"(마르 14,7)고 하신 예수의 말씀을 들고나와 모든 자선사업과 가난한 사람들에 대한 구제 노력은 아무리 해도 끝이 없는 헛수고라고 떠들어댄다. 이처럼 성서를 이념의 원칙이나 논전의 근거를 담고 있는 책이라 간주하는 사람들이 있는가 하면, 어떤 부류의 사람들은 성서의 텍스트를 그 "삶의 자리"Sitz im Leben에서 유리시킨 후 분별없이 오늘의 현실 상황에다 무작정 적용시키려는 유혹을 당하고 있다. 실상 성서는 경제적 자유주의의 원칙이나, 국제통화 조직의 상호의존적 생리, 국제적 성격을 띤 다국적multinational기업이나 의료·재해 보험 따위의 문제에 관하여 전혀 무지할 뿐 아니라 그것들에 대한 일언반구의 언급도 없다.

따라서 성서 저자들의 사회적 상황을 전제하는 텍스트들을 현대의 판이한 사회 상황에다 적용할 때에는 지혜와 식별이 요구되는 것이다.

이같은 식별 기준을 얻기 위해 "성서의 가난한 사람들"이란 제하題下에 성서의 각 시대에서 가난한 사람들이 처한 사회적 상황을 일별해 보고자 한다.[1] 전문가의 입장에서라기보다는, 하느님 백성의 역사에서 낮과 밤을 꿰뚫는 예언자들의 말씀을 듣고 하느님의 대변인들이 가난한 사람들에게 기울인 정성과 사랑을 알아보려는 것이 이 장章의 목적이다.

가나안 정착 이전의 이스라엘

성서 역사의 첫 시대는 기원전 1850년에서 기원전 1150년까지의 기간이다. 바로 이 시대에 족장들 — 아브라함, 이사악, 야곱과 그 아들들

---

[1] 성서 시대의 사회적 상황에 대해서 S. W. BARON, *Histoire d'Israël, vie sociale et religieuse*, P.U.F., Paris 1956; R. de VAUX, *Les institutions de l'A.T.*, t.1, Paris 1957; P. E. DION, Le rôle de la foi yahviste dans la vie politique d'Israël, *Science et Esprit* 26 (1974), 174-203.

― 에 관한 전승과 모세의 영도하에 사막 체류에 관한 전승들이 생겨났다. 비록 전승들은 사건이 일어난 훨씬 후에 씌어졌을지라도 이 시대에 관한 우리의 유일한 사료는 모세오경, 즉 창세기 · 출애굽기 · 민수기 · 레위기 · 신명기이다.

이 시대의 사회구조는 "부족사회"의 구조이고 그 생활양식은 반半유목 형태였다.[2]

부족사회의 특성

부족사회의 가장 두드러진 특성은 개인보다 단체 혹은 무리가 더 중대하다는 것이다. 생활 환경이 사막이 아니면 스텝 지역이기 때문에 무리의 일치단결은 생존의 필수불가결한 조건이다. 사막에서 개인의 생존은 불가능하다. 그러므로 한 개인의 생존을 가능케 하는 조건은 그가 소유하는 물질적인 "사유재산"이 아니라 개인이 얼마만큼 자기가 속해 있는 무리와 강한 "유대"를 맺고 있느냐에 달려 있다.

부족사회의 기본 단위는 가족이다(mišpah).[3] 여기서의 가족이라는 낱말은 20세기의 핵가족이 아니라 일가친척을 모두 포함하는 대가족, 또는 종가宗家를 포함한 한국의 가문을 연상케 한다. 가장家長은 이같은 사회조직에서 중추적인 역할을 하게 된다. 그는 조상의 전통을 유지 · 보존하며 자녀의 결혼을 주관하고, 또한 가장의 축복은 일회적인 유효성을 지니고 있다고 믿어졌다(창세 24,1-4: 27-28장: 48-49장 참조). 가장은 자기 가족에 입

---

[2] 유목민적 사회구조에 대해서 F. STOLZ, Aspekte religiöser und sozialer Ordnung im alten Israel, *Zeitschrift für evangelische Ethik* 17 (1973), 145-59; H. E. von WALDOW, Social Responsibility and Social Structure in Early Israel, *CBQ* 32 (1970), 182-204.

[3] 가족의 역할에 관해서 R. de VAUX, *op. cit.*, t.1, 37 이하.

양한 자나 어떤 이유로든 몸붙여 사는 이들을 보호하고, 이민자와 나그네들도 보호할 책임을 지고 있다. 성서에서 이같은 가장의 전형典型을 아브라함·이사악·야곱 등에서 찾아볼 수 있다.

그러나 가족은 그보다 좀더 큰 단위인 씨족에 소속되어 있다. 씨족의 특성은 언제나 "동일한 장소"에 살고 있다는 것이다. 한 씨족을 구성하고 있는 여러 가족들은 보통으로 씨족의 테두리 안에서 결혼을 하기 때문에 모두가 혈연관계를 맺고 있다(창세 24,3-4). 또한 그 가족들은 씨족이라는 테두리 속에서 같은 장소에 살고 있으며 "공유재산"과 "공동과업"을 가지고 있다. 그러므로 이런 사회조직에서 사유재산은 별로 큰 의미가 없다. 또 의미가 있다고 해도 재산 사유의 최종적 권리는 씨족에게 있다. 여러 씨족들이 모두 한 명의 공동 선조의 휘하麾下에 들어갈 때 소위 부족이라는 조직이 등장한다. 그러니까 여러 씨족이 한 "지도자"sheik[4]의 이름 아래 결속할 때 부족이 형성된다. 그런데 부족을 구성하는 씨족들은 같은 장소에 거주하는 것이 아니라 여러 곳에 흩어져 살 수 있으며 상호 독립적인 단위들이다. 반대로 가족은 반드시 일정한 장소에 살고 있는 씨족에 예속되어 있으며, 한 개인은 반드시 가족 공동체 안에 예속되어 있을 때에야 생존이 가능하다. 따라서 이 시대 사회구조에서 가족 — 혹은 씨족 — 이 가장 기본적이고도 중대한 사회적 단위이다. 또 가족과 씨족의 가장 큰 관심사는 말할 것도 없이 많은 후손들이다. 가족 혹은 씨족의 세력은 그 구성원의 숫자에 달려 있기 때문이다.

---

[4] 유목민 씨족의 우두머리(족장, sheik)는 명령을 내리거나 부족들을 지배하지는 못했다. 그는 솔선수범하거나, 아니면 부족장들에의 권고를 통해서 지도력을 행사하였다.

반半유목민적 생활양식

이스라엘의 원조들이 속해 있던 씨족들과 모세의 영도하에 시나이 사막과 카데스 사막에서 방랑하던 무리는 일정한 정착지에 살지 않았다. 그들은 작은 가축 — 양과 염소 — 을 생계수단으로 목축하였으며, 계절이 바뀔 때마다 샘과 초원을 찾아 방랑하던 무리였다. 그들은 계절과 목초의 조건에 따라 어떤 장소에서는 장기 체류를 하기도 하였다. 이때 봄이 오면 농사를 지었는데 고작해야 보리농사 정도였다. 그러나 모세의 무리는 시나이 사막의 악조건 때문에 농사를 짓는 것이 실제로 불가능했다.

매每 가구는 사유재산으로 가축떼를 소유하였으나, 목초지와 샘 — 가축의 목을 축이기 위한 것으로서 씨족간의 다툼의 원인이 되었던 샘(창세 26,15-22) — 은 어디까지나 씨족의 공동소유였다. 농사를 지을 경우에 농경지는 모든 가족들이 골고루 나누어 가졌다. 그러나 농토의 마지막 소유권은 가족에 있지 않고 씨족에 있었다.

이상과 같은 생활양식과 사회조직 안에서 사회계층의 차이는 있을 수 없었으며, 더구나 빈부의 심한 격차는 실제로 불가능하였다. 씨족 전체가 가난하거나 아니면 부자다. 씨족 안에서 사회적 계층의 차이가 불가능하게 된 것은 그 사회의 구성원들을 밀접히 연결하는 연대의식과 공동운명 의식 때문이었다. 씨족이 가난한 것은 적대적인 이웃 씨족의 약탈, 목초의 부족, 아니면 가축의 질병 때문이다. 반대로 씨족이 부유한 것은 이웃 씨족을 약탈하거나, 그해 가축이 유달리 번성하거나(야곱의 경우: 창세 29-31장: 나발의 경우: 1사무 25,2), 결혼한 아내가 친정 아버지로부터 얻은 재산이 있다거나(창세 24,50-54: 리브가의 경우), 약한 씨족을 보호해 준 대가로 얻은 재산(1사무 25,4 이하: 다윗과 아비가일의 경우) 때문이다.

따라서 빈곤과 비참, 착취의 희생물이 되는 가난한 이들은 개인의 안정을 전적으로 보장하는 가족과의 유대가 끊긴 자들이다. 성서는 이같은 가난한 사람들에 대해서 자주 언급한다. 소위 "비참한 사람들"personae miserabiles은 과부·고아·이민자 등 어떤 씨족 안에 몸붙여 살고 있는 이방인ger들이다.[5]

① 과부가 당하던 고난을 알기 위해서 당시 여성의 사회적 위치를 상기할 필요가 있다.[6] 정상적으로 여인은 자기 아버지의 집에 속해 있거나 결혼 후에는 남편의 집에 속하게 된다. 유목민적 생활 환경에서 여성의 역할은 주로 가사를 돌보며 많은 노동을 부담하는 것이었다. 그런데 여성에게 의식주의 안정을 제공하는 것은 그녀의 아버지 혹은 남편이었다. 여인이 남편을 잃는다는 것은 자신의 안정의 상실, 나아가 생존수단의 상실을 의미한다. 사막의 거친 환경 속에서 여인은 남자 없이 자신의 안정을 얻을 수 없기 때문이다.

고대 이스라엘에서 여성의 이같은 취약점을 보강하기 위해 두 가지 관습법이 있었다. 가장 중대하고도 으뜸가는 관습법은 수혼제嫂婚制(Levirat 법)였다. 이 법에 의하면 죽은 형의 자손과 재산을 보호하기 위해서 그 동생이 과부가 된 형수와 결혼해야 했다(창세 38장; 신명 25,5-10 참조). 둘째로 과부가 수혼제의 보호를 받을 수 없는 경우에는 친정 아버지에게 돌아가는 수밖에 없었다(창세 38,11; 룻기 1,8-11; 4,5).

이상의 두 관습법에도 불구하고 과부들은 흔히 불안정한 상황에 처하게 되었다. 예를 들면 전장戰場에서 씨족의 남자들이 전멸했을 경우를 들

---

[5] F. C. FENSHAM, Widow, Orphan, and the Poor in Ancient Near Eastern Legal and Wisdom Literature, *Journal for Near Eastern Studies* 21 (1962), 129-39.

[6] 과부에 대해서 R. de VAUX, *op. cit.*, t.1, 67 이하.

수 있다. 이같은 경우에 대비하여 부족사회에 내려오는 조상 전래의 전통은 과부를 억압하지 말고 특별한 정성을 기울여 도와 주라고 강조한다(출애 22,21).

② 과부 못지않게 고아도 쉽게 빈곤과 착취의 희생물이 되었다. 육친을 잃어 보호자가 없게 된 어린이가 쉽게 남의 손아귀에서 고난을 당하기 때문이다. 고아는 보통 씨족의 다른 성원에 의해서 보호를 받게 된다. 흔히 양친을 모두 잃은 고아는 씨족의 다른 가족에 입양하였다. 고아는 어차피 과부와 마찬가지로 사막의 악조건 때문에 가족을 떠나서는 생존할 수 없기 때문이다. 그렇지만 비록 고아가 어느 가족에 입양하였을 경우에도 육친이 아니므로 자기의 유산을 빼앗길 위험을 안고 있었다. 고아는 또 쉽게 유기遺棄되기도 하였다. 따라서 그는 씨족의 특수한 배려와 보호의 대상이 되었다(출애 22,21).

③ 이민자ger는 어떤 이유에서든 자신이 속해 있던 부족을 떠나온 자이다. 그는 "친척의 보호"를 받지 못하며,[7] 이민자로서 다른 부족에 가서 살게 되므로 쉽게 착취와 압박의 대상이 된다. 이민자는 자기가 가서 살고 있는 부족과 아무런 혈연관계가 없는 자이다. 남의 씨족 천막 아래 은신처를 구하는 이민자는 흔히 추방된 자, 망명한 자, 자연의 참변이나 전쟁 등으로 자기 부족이 전멸한 후에 생존한 자들이다. 사막과 부족의 관습은 이런 자들을 보호하였다(출애 22,20 참조). 나그네로서 잠시 지나가는 손님은 사막의 환대법에 의해 보호받았다(창세 18,3 이하 참조).

가나안 정착 이전의 사회조직과 생활양식은 근본적으로 사막의 거친

---

[7] "친척의 보호"라는 제도는 개인이나 단체의 권익을 보호하는 자, 즉 *go'el*(= 복수자, 옹호자, 구속자의 뜻이 있음)의 제도를 의미한다(R. de VAUX, *op. cit.*, t.1, 40 이하).

환경을 전제로 하는 유목민의 세계이다. 유목민은 이같은 상황에서 상호보호의 책임감을 고도로 발전시켰다. 혈연관계를 기초로 한 이들 씨족과 부족들의 연대의식과 책임감은 혈연관계에서 이탈한 자들, 즉 "가난한 자들"을 사회적 공동책임하에 보호하였다. 과부와 고아, 이민자는 사회에서 소외된 것이 아니었다.

그러므로 가나안 정착 이전의 이스라엘 사회상은 근본적으로 평등한 사회였다. 그리고 사회적 불의나 불평등은 사막의 거친 생활 환경 때문에 사실상 불가능하였다. 어떤 씨족이나 부족 안에서 무리 전체가 불안정이나 안정을 누리게 되며, 또한 일개인이 재산을 독점할 수 없게 된다. 그리고 그 무리의 생존을 가능케 하는 연대의식과 각 구성원간의 일체감 때문에 빈자와 부자의 출현은 사실상 불가능하였다. 유목민들에게 사유재산은 자본축적의 원인이 되지 못했던 것이다.

가나안 정착과 왕정 시대

이 시대는 기원전 1150년경의 가나안 정복과 정착에서 기원전 587년 예루살렘 멸망까지이다. 이 시대에 관한 우리의 사료史料는 그 이전 시대의 것보다 훨씬 더 풍부하고 다양하다. 성서의 사료로서 여호수아서·판관기·사무엘서·열왕기 상 등과 예언자들, 특히 아모스·이사야·미가 등을 들 수 있다. 성서고고학은 이 시대에 관해서 많은 정보를 제공하고 있다. 고고학의 발견은 풍요한 사회상과 비참한 사회상을 시대적으로 뚜렷이 구별케 해주고, 또한 어떤 도시의 부자촌과 빈자촌의 모습을 생생하게 재생시켜 주고 있다.[8]

여호수아서는 단숨에 팔레스티나를 정복하는 군사적 승리의 결과로 가나안 정착을 묘사하고 있으며, 정복 후 하느님의 지시에 따라 각 부족이 땅을 골고루 나누어 가졌다고 보도하고 있다(여호 18,1-10). 성서에서 가나안 정복의 이같은 전승은 종교적 열정과 체험에서 유래한다. 즉, 가나안 정복은 신의 선물로 간주되었으며 신의 성실성과 약속이 낳은 결과로 체험된 것이다. 이같은 종교적 체험을 기초로 삼아 써내려가던 성서의 전승들은 가나안 정복과 정착을 "신의 행동"으로 해설하려 했던 것이다.

그러나 실제 역사는 평범한 사건의 진행이었으리라. 물론 하느님이 역사 안에 부재했다거나 후대의 종교체험이 가치가 없다거나 황당무계하다는 말은 아니다. 여러 씨족들은 주어진 가능성에 따라 아직 주민이 없던 빈 땅을 개간해 가며 평화적으로 정착했다. 때로 그들은 전쟁을 해가며 정복을 시도했다. 하지만 일단 정착한 후에는 씨족들은 그 구성원인 가족들에게 땅을 골고루 나누어 주었다.[9]

유목민들은 사막에서 거처하던 천막을 떠나 가옥을 짓고 살게 되었으며, 점차로 목동의 신분을 벗어나 농사꾼과 고정된 목장을 가진 가축사육자들이 된다. 그러나 이스라엘 사람들은 사막의 유목민 관습을 그대로 보존하려 했다. 예를 들면 토지의 소유권은 씨족이 가지고 있으며, 토지를 관리하는 가족은 그 땅을 "외국인들" — 가나안 사람 — 에게 팔 권리가 없었다. 만일 어떤 가족이 부득이한 사정으로 토지를 다른 씨족에게 팔게 되었을 경우에 그 가족이 속한 씨족은 팔린 토지를 다시 사

---

[8] B. HESSLER, Social Thought in the Old Testament, *Bridge* 3 (1958), 31-53.

[9] 땅의 분배는 실로 성전(여호 18,1-10)에서 종교적 의식 가운데 행하여졌다 (H. E. von WALDOW, *op. cit.*, 190-5).

들일 권리가 있었다(레위 25,23; 룻기 4,1-11a; 1열왕 21,1-16 참조). 땅의 소유권은 개인 가족에게 있는 것이 아니라 씨족에게 있기 때문이다. 씨족의 공유재산이 매도될 수 없다는 유목민적 관습은 가나안 정착 이후에도 그대로 잔존하게 된다.

반대로 팔레스티나의 원주민이던 가나안인들은 토지를 전혀 다른 사회적 관습에 따라 처리하였다. 토지는 그들에게 하나의 상품과도 같아서 마음대로 매매할 수 있었다. 우리가 곧이어 보겠지만, 부동산에 관한 이중적 이해가 이스라엘 안에서 사회적 문제의 발생요인이 되고 있다.

우리는 가나안 정착 이후의 이스라엘에서 사회변혁의 두 가지 요인이 도시화 현상urbanisation과 군주체제라는 것을 알고 있다. 도시화 현상의 결과로 개인은 목축이나 농사로 만족하지 않고 점차로 장인匠人들이 되어 기업을 시작하게 된다. 그들은 금석세련공·직조공·빵굽는 자·도기공들로서, 새로 출현한 이 직종들은 상호 유대를 맺고 교환경제를 탄생시킨다. 교환경제의 첫 단계는 물론 물물교환이었다(예를 들면 모지물과 가축의 교환).

그러나 사회적 진화에 크게 영향을 끼친 둘째 요인은 군주정체君主政體의 출현이었다.[10] 다윗은 이스라엘의 군주정체를 확립시켰으며, 솔로몬에 와서 그 정체는 세습화된다(사울의 왕권은 12부족의 군사적 영도자로 카리스마적 성격이 더 짙었다). 다윗은 무력으로 자신의 왕좌, 수도, 왕의 사유지를 차지하였다. 옛 여수비인들의 도시 예루살렘은 이스라엘의 종교적 영향권을 벗어난 왕의 첫 사유지가 되었다(기원전 1000). 그의 정

---

[10] A. ALT, Das Königtum in den Reichen Israel und Juda, *Kleine Schriften* II (1953), 116-34; 동 저자, Der Anteil des Königtums an der sozialen Entwicklung in den Reichen Israel und Juda, *Kleine Schriften* III (1959), 348 이하.

복정책은 막강한 군사력을 전제했으며 휘하 장병들의 경제적 부담을 감당해야만 했다. 외국 세력의 퇴치와 정복전쟁 이후에 다윗의 제국은 그 위용을 자랑하기 위해서 왕가와 그 권속, 무수히 많은 처첩들을 섬기는 종들이 요구되었던 것이다. 따라서 다윗의 조정은 막대한 경제력을 확보하지 않을 수 없었다.

솔로몬의 궁중은 부왕의 것보다 더 화려하였고, 또한 무거운 부담을 국민에게 지운 독재군주의 모습을 띠게 되었다. 왕의 전설적인 "삼천궁녀" 외에도, 솔로몬의 외교정책과 무역을 담당하던 율사, 왕립 문서고의 서사書士들과 행정관리들, 음악가·건축가·보좌관·군사지도자, 왕궁의 주방장·관리인·근위대들 때문에 막대한 재원이 필요했다.

이같은 재정의 부담 때문에 솔로몬 이후의 역대 이스라엘 왕들은 가나안인들의 토지를 사들이기 시작했다. 이스라엘인들의 토지는 유목민적 관습 때문에 타씨족에 매도될 수 없었다. 왕들은 가나안인들의 토지를 무력으로 혹은 돈을 주고 사들였다 — 예를 들면 다윗은 아라우나의 타작마당을 사들이고(2사무 24.19-24), 오므리는 사마리아 산을 세멜에게서 사들인다(1열왕 16.24).

드디어 왕의 광대한 사유지가 확보되었고, 왕들은 대지주로 탈바꿈하게 되었다. 그들은 자신들의 땅을 더 넓히려는 유혹 때문에 이스라엘 고유의 유목민적 관습법을 위협하기에 이른다. 대지주가 된 왕들의 탐욕을 묘사하는 장면이 열왕기 상 21장에 나타난다. 나봇의 포도원 이야기이다. 아합 왕은 왕가의 토지를 넓힐 욕심으로 왕의 사유지에 인접해 있는 포도원 주인 나봇을 만나 다음과 같이 협상한다. 왕은 나봇에게 자기의 포도원을 팔거나, 아니면 그 포도원과 동가同價의 토지와 교환해 줄 것을 제안한다. 나봇은 포도원이 자기 가족에 속하는 선조의 유산이고 또 그 소유권은 씨족에게 있기 때문에 이웃 씨족인 왕가王家에 매도할 수 없다는 이유로 아합 왕의 제안을 일축해 버린다. 왕은 궁정에 돌아와 자신의 계획이 실패한 것을 보고 식음을 전폐하며 속을 썩이지만 나봇의 입장이 법적으로 공격 불가능하다는 것을 시인하게 된다. 왕후 이세벨은 상심한 왕에게 이렇게 속삭인다. "당신은 이제 이스라엘에서 왕권을 행사해야 되오!"(1열왕 21.7). 즉, "네가 이스라엘의 왕이 아니냐, 그렇다면 네가 원하는 것이면 무엇이든지 할 수 있지 않으냐!"는 것이다.

그따위 케케묵은 이스라엘의 관습 따위는 무시하고 절대군주로 나서라는 사주使嗾이다. 이세벨은 아합에게 이스라엘인의 양심을 저버리고 가나안의 절대군주가 될 것을 촉구한 것이다. 그녀는 시돈 왕의 딸이며 가나안 여인이기 때문이다. 그녀에게 국가의 모든 토지는 왕의 소유권에 속하며, 또한 국왕이 원하기만 하면 그따위 "사막의 법"은 아랑곳없이 마음대로 토지를 몰수할 수 있다는 것이다. 역설적으로 이세벨은 이스라엘 종교의 이름으로 나봇을 돌로 쳐죽이게 한다(1열왕 21.9). 왕들은 이렇게 하여 종교의 이름으로 처형된 사형수들의 사유지를 자기 몫으로 만들 수도 있었으리라. 제단과 권좌의 제휴는 나봇의 경우 외에도, 대지주인 왕의 토지를 늘리는 데 크게 공헌했으리라고 추정할 만하다. 여기 사회정의의 기수였던 예언자 엘리야의 청천벽력과도 같은 반응이 있었다는 것을 우리는 잘 알고 있다.[11]

국왕은 또 사치한 궁정과, 가나안인들과 이스라엘인들에게서 몰수한 농토를 경작하는 데 정기적인 수입이 필요했다. 이른바 화폐경제와 더불어 출현한 "과세"이다. 세제는 국고의 원천이 된다. 처음에는 자연세

---

[11] 엘리야 예언자에 관하여 G. FOHRER, *Elia*, 1968 참조.

로 시작하였으나, 차츰차츰 잘 조직되기 시작한 세제는 국민을 괴롭히는 큰 원인이 되었다. 그리고 고대 근동의 절대군주가 가졌던 "돌에 대한 정열"la passion de la pierre은 드디어 이스라엘에게도 옮겨와, 솔로몬은 막대한 건축공사를 서둘렀고, 국민을 부역에 시달리게 했다. 파라오의 건축공사에 시달리던 이스라엘 사람들은(출애 1,11-14) 이제 자기네 동족인 왕들에게 노동력을 착취당하기 시작한다.

이상과 같은 사회변화는 아주 빠른 시일 안에 일어났다. 이스라엘은 사막의 자유를 걸고 왕들의 이같은 폭정에 대항하였다. 그 저항의 일면모가 부왕 솔로몬의 사후 그의 아들 르호보암에게 한 조사弔詞에 잘 나타난다.

> 당신의 아버지는 우리에게 무거운 멍에를 메웠습니다. 이제 당신은 부왕의 혹심한 종살이와 우리에게 메웠던 이 무거운 멍에를 가볍게 해주십시오. 그래야만 우리는 당신을 받들어 섬기겠습니다(1열왕 12,4).

폰 라트G. von Rad는 다음과 같이 말하고 있다:

> 보도들의 결핍에도 불구하고, 우리는 족장제도적으로 결속된 농촌 주민이 왕정 수립이란 대개혁을 결코 저항없이 받아들일 수 없었다는 것을 충분히 알 수 있다. 왕정에 대한 종교적 거부반응은 차치하고라도, 사실 왕정은 필연적으로 지방 자유 농민들의 권익을 현저하게 제한하고 그들의 상당한 경제적 부담도 필요로 했다. 사무엘이 백성에게 공포했다(1사무 8,11-17)는 "왕법"王法은 물론 철두철미하게 편향적으로 표현된 것이다. 사울을 왕으로 선발한 데 관한 이 서술도 모두 사실은 상당히 후기에 속하는 것

이다. 그렇지만 이 왕법의 세부조항은 결코 날조된 것이 아니다. 왕은 실제로 지방의 독립 농민들의 젊은이들을 징집하여 직업군인으로서 병영에 배치했다. 그는 토지소유에 손을 뻗쳐 지방 이곳저곳을 왕령王領으로 만들었고, 이 왕령 토지의 경작을 위해 독립 농민으로부터 노동력을 착취했다. 그는 농민들 전체에게 과세함으로써 그 세금으로 자신의 궁중 유지비를 전담할 수 있었다(1열왕 4,7: 自然稅). 뿐만 아니라 여인들조차 왕의 검은 손길에 불안했다. 왕은 향유를 바르는 여인들, 요리하는 여인들, 빵굽는 여인들을 필요로 했기 때문이다. 아직도 유목민적 자유감에서 살던 이스라엘의 자유 농민들이 이러한 왕의 폭군적 간섭에 얼마나 원한을 크게 품었고 저항감을 느꼈을 것인가는 쉽게 상상할 수 있다.[12]

드디어 이스라엘의 사회적 상황은 점차로 악화되기 시작한다.[13] 정착생활과 도시문화를 배경으로 하는 가나안의 사유재산 개념과 상업만능주의는 공평한 분배와 연대의식 안에서 싹튼 이스라엘의 옛 "씨족윤리"를 파괴하게 된다. 이스라엘과 유다의 왕과 그 관리들은 대지주들이 되어 자유 농민으로 머문 지방 소농민들의 고혈을 빨아 일대 거부들이 된다. 소위 전前자본주의pré-capitalisme 시대에서, 지주계층의 출현이야말로 가난한 자들의 자유 상실을 의미하게 된다. 북왕국 이스라엘에서 여로보암 2세 때(기원전 787~747) 부익부 빈익빈 현상은 그 절정에 달했음을 예언자들과 고고학이 동시에 증언하고 있다.[14]

---

[12] G. 폰 라트 저, 허혁 역, 『구약성서신학 I』, 분도출판사 1976, 70.

[13] H. E. von WALDOW, The Deterioration of the Ancient Israelite Social Order, op. cit., 195-7.

[14] 고고학의 발굴과 사마리아의 사회상에 대해서 R. de VAUX, La cinquième campagne de fouilles à Tell el Farah près Naplouse, R.B. 62 (1955), 588.

사회불의는 드디어 구조적인 악으로 이스라엘 안에 정착하게 되고 가난한 사람들과 작은 자들의 정당한 생존권마저 위협하게 되었다. 아모스의 고발 중 몇 구절은 인용할 만하다.

> 아시리아 궁궐과
> 에집트 땅의 궁궐에 서서 들으라고 외쳐라.
> 너희는 사마리아 산에 모여
> 거기서 일어나는 허다한 무질서와 압제를 보아라.
> 자기네 궁궐 안에 폭력과 약탈을 쌓아올리는 그들은
> 도대체 옳은 일을 할 줄 모르는도다.
> — 야훼의 신탁 —
> 그러므로 아도나이 야훼께서 이렇게 말씀하신다.
> "적이 사방에서 나라 안에 쳐들어와
> 네 힘을 꺾고
> 네 궁궐들을 약탈하리라"(아모 3,9-11).

사마리아의 왕들과 대지주들의 폭력과 착취를 고발한 신탁이다.

> 이 말씀을 들어라
> 사마리아 산에서 실컷 처먹는 바산의 암소들아.
> 힘없는 사람들을 짜내고 궁핍한 사람들을 짓밟으며
> 서방에게 "술 가져와 마시자"고 하는 년들아.
> 아도나이 야훼께서 당신의 거룩하심을 걸고 맹세하신다.
> 보라 너희에게 그 날들이 다가오고 있으니,

> 그분은 너희를 고래작살로, 물고기 잡는 갈고리로
> 너희 시녀들을 찍어 올리리라(아모 4,1-2).

사마리아의 귀족과 고관 부인들에게 내린 신탁이다.

> 저주 있어라
> 바른 법을 뒤엎어 독약으로 바꾸고
> 정의를 땅에 내팽개치는 자들에게.
> 그들은 성문 앞 재판정에서
> 시비를 가리는 사람을 미워하고
> 바른말하는 사람을 지겨워하는도다.
> 너희가 가난한 농민을 짓밟고
> 그들에게서 밀을 공출供出하였으니
> 비록 너희가 돌을 다듬어 집지어도 거기 살지 못하고
> 포도밭을 탐스럽게 가꾸어도
> 거기서 나온 포도주를 마시지 못하리라.
> 나는 너희 죄가 헤아릴 수 없이 많고
> 너희 죄악이 엄청나게 크다는 것을 알고 있다.
> 너희는 의로운 이를 학대하고
> 뇌물받기에 급급하며
> 성문 앞 재판정에서
> 궁핍한 사람들의 권리를 각하却下하였도다(아모 5,7.10-12).

착취하는 고관들과 대지주들의 비행과 사직당국의 부패를 고발한 신탁이다.

사마리아의 거물 정치인들과 그들의 향연은 그림을 그리듯이 자세하게 다음의 신탁에서 묘사되고 있다.

> 그들은 상아침대에서 뒹굴고
> 안락의자에서 기지개 켜며
> 양떼의 어린 양과 외양간의 송아지를 잡아먹고
> 하프에 맞추어 흥얼거리며 다윗이라도 된 듯이
> 잡노래를 제 쪼대로 지어 부르는도다.
> 그들은 거룩한 잔으로 포도주를 퍼마시고
> 값비싼 햇기름을 몸에 바르며
> 요셉이 망하는 것은 괴로워하지도 않는도다(아모 6,4-6).

가나안의 악덕상인과 그들의 타락한 상도덕이 결국은 이스라엘의 거상巨商들에게서도 똑같이 발견되고 있다.

> 이 말씀을 들어라
> 궁핍한 사람들을 짓밟고
> 땅의 가난한 사람들의 일자리를 빼앗는 자들아.
> 너희는 속으로 말한다.
> "초하루가 언제 지나 곡식을 내다 팔까.
> 안식일이 언제 지나 밀가루 부대를 열게 될까.
> 어떻게 해야 되는 작게, 추는 크게 만들어
> 가짜 저울로 속여먹을 수 있을까.
> 어떻게 하면 은돈으로 힘없는 사람을,

신 한 켤레 값으로 궁핍한 사람을 사들이고
밀기울까지 팔아먹을 수 있을까"(아모 8,4-6).

아모스의 고발을 분석하면 다음과 같은 경제적 배경을 엿볼 수 있다. 흔히 이스라엘의 소농민들은 흉년이 들거나 병고로 해서 왕이 요구하는 세금을 내지 못하거나 부역에 응할 수 없게 되곤 했다. 그들은 빚진 것을 갚기 위해 왕에게 농토를 빼앗기게 되고 자신들은 농노로 전락되거나 도시의 빈민굴로 가서 사는 수밖에 없게 되었다. 그들은 때로 부채를 갚기 위해 부자들에게 돈을 빌려 쓰게 되었다. 하여 부자들은 가난한 소농민들에게 대부해 주는 대신 담보를 요구하였다(아모 2,8). 그러나 흔히 그들은 가난한 자들의 생존에 없어서는 안될 물건들을 담보물로 잡았고, 율법이 금지하는 고리대금업을 하였던 것이다(출애 22,24). 예언자들이 고발하는 판관들은 부자들과 결탁하여 가난한 자들의 권익을 보호하는 대신 뇌물을 받고 부자들의 특권을 옹호하는 데 혈안이 되어 있었다. 이 시대에 과부·고아·이민자들의 상황은 실로 비참하였다. 사막의 혈연 공동체적 유대의식이 깨어진 사회에서 아무런 보호를 받을 길 없었던 그들은 사회에서 완전히 "소외된 사람들"les misérables이 되어버렸다. 비록 이스라엘 영토 밖의 과부이지만 — 실상 이스라엘 안에도 이처럼 비참한 과부는 있었으리라 — 사렙다의 그 과부는 우리의 눈시울을 뜨겁게 한다. 심한 가뭄으로 온 나라가 기근에 허덕인다. 엘리야는 시돈에서 남쪽으로 15km 떨어진 사렙다의 과부에게 가서 먹을 것을 청한다.

  마을에 들어서 보니 한 여인이 땔감을 줍고 있었는데 과부였다. 엘리야는 그 여인을 불러 말하였다. "내가 마시도록 물동이에 물을 좀 떠오실 수 없겠소?"

여인이 물을 뜨러 가는데, 그는 다시 불러서 말했다. "기왕이면 당신 손에 있는 떡도 한 조각만 가져다주시오." 여인이 대답하였다. "당신의 하느님이신 주님의 생명을 걸고 말하거니와, 내가 구워 놓은 떡이란 아무것도 없습니다. 저에게 있는 것이라고는 뒤주에 밀가루 한 줌과 병에 기름 몇 방울이 있을 뿐입니다. 저는 지금 땔감을 조금 주워다가 집에 돌아가 남은 식량을 요리하여 우리 모자가 먹고 난 뒤 죽기만 기다리는 참입니다"(1열왕 17,8-12 참조).

아사 직전에 처해 있는 과부와 그 아들의 처절한 모습이다.

이사야의 증언에 따르면 남왕국 유다의 실정도 북왕국에 진배없었다. 유다는 이사야가 생존해 있을 때인 기원전 720~710년에, 사마리아를 기원전 721년에 멸망시킨 아시리아의 정복 군대를 피해 온 이스라엘의 난민들을 맞이하게 되었다. 그런데 이 난민들의 대부분은 북왕국 이스라엘의 고관들과 부자들이었다. 그들은 자기네 재산을 가지고 아시리아 정복 군대를 피해 남하하였다(사이공이 함락된 후 그곳 정치인들이 미리 도피시켜 놓은 재산을 가지고 북미 대륙에 피난한 상황과 비슷하다). 이들 부자들과 돈이 많은 군인들은 자본과 군사시설 및 무기를 필요로 하는 유다 사람들의 환영을 받게 되었다. 이사야와 미가가 공격한 대지주들의 횡포는 바로 새로 부자들이 된 월남한 피난민들의 소행인 듯하다. 그들 새 부자들은 "집을 연달아 차지하고 땅을 차례로 사들여서 빈터 하나 남기지 않고 온 세상을 혼자 살 듯이 하는 자들"(이사 5,8)이 되었다.[15] "그들은 전답이 탐나면 당장 그것을 빼앗고 집이 탐나면 차지

---

[15] H. BARDTKE, Die Latifundien in Juda während der zweiten Hälfte des achten Jahrhunderts vor Christus (Zum Verständnis von Jes 5,8-10), *Hommages à A. Dupont-Sommer*, Paris 1971, 235-54.

하며 집과 주인, 사람과 유산을 빼앗아 가는 자들"(미가 2,2)이었다. 도시의 빈민촌으로 쫓겨난 소농 출신인 분노한 미가의 고발이다.

유다 사람들은 고대 이스라엘 사회를 결속하던 연대의식을 잊어버리게 되었고, 예언자들은 이 연대의식의 상실을 야훼가 당신 백성과 맺었던 계약에 대한 "배반"으로 해석했던 것이다. 유다의 신학자 J 기자는 카인과 아벨의 이야기에서 평화롭고 평등한 "유목민적 사회"와 이기적이며 잔인무도한 "도시사회" 사이에 있었던 알력을 묘파하고 있다. J 기자에게 카인은 정착민·농부·도시 건설가로 비쳤고, 아벨은 유목민·작은 가축떼의 목동·가난한 자의 전형이었다. 창세기 4,9에 나타난 대로 "야훼께서 카인에게 '네 아우 아벨은 어디 있느냐?' 하면서 사막의 가난한 자 아벨을 찾았을 때에, 빈자들을 사정없이 착취하고 죽여버린 카인의 대답, "모릅니다. 내가 아우의 보호자입니까?"에는 왕정 시대 유다 도시 주민들의 이기적인 정신상태가 그대로 노출된다. 불의에 가득 찬 도시문화는 사막의 형제적인 사회를 "죽여버렸고" 하느님의 마음을 크게 상하게 했다. 이제 도시문화적인 폭력의 왕국이 수립된다.[16]

결론적으로 왕정 시대에 와서 고대 이스라엘의 원초적인 평등사회는 무너지고, 경제·사회적으로 진정 비참할 정도로 가난한 사람들이 출현한다. 이들 "빈자들"은 개인의 무능력이나 재해 등의 자연적인 이유에서가 아니라 인간들의 사악한 마음의 소산인 사회불의 때문에 "비참한 자들"이 된 것이다. 부富의 편중 경향은 특권층을 출현케 했으며, 또한 특권층은 가난한 이들의 권익을 옹호해야 할 판관들까지 시녀들로 만들었고, 수단과 방법을 가리지 않으며 자기네 특권을 보호하게 된다. 이

---

[16] G. WALLIS, Die Stadt in den Überlieferungen der Genesis, ZAW 78 (1966), 133-48.

스라엘 사회 안에서 왕정 시대야말로 인간이 인간을 한갓 수익성을 위한 도구로 삼는 비인간화의 시발점이 되고 있다. 왕정 초기부터 나타난 이스라엘의 예언자들이 하느님의 이름으로 부익부 빈익빈 현상을 고발한 것은 결코 놀라운 일이 아니다. 그들은 하느님이 가난한 사람들의 편에 서 있으며 그들을 정열적으로 사랑하신다는 사실을 드높이 외친 것이다. 누구든지 하느님의 절대주권을 인정한다면 가난한 사람들을 보호하고 사랑하지 않을 수 없다는 것을 예언자들은 유일신교 신앙의 절대조건으로 삼았던 것이다.

유배와 유배 이후 시대

유배 시대는 기원전 587~538년의 기간이며, 유배 이후 시대라면 바빌론 유배지에서 귀환한 기원전 538년에서 신약성서 시대에 이르는 기간을 두고 말한다. 이 시대에 관한 사료는 열왕기 하·예레미야서·에즈라기·느헤미야기·하깨서 등이다. 유배지에 귀양가는 것은 그가 부자건 빈자건간에 "가진 것"을 모두 잃어버린다는 것을 의미한다. 기원전 597년의 바빌론으로의 유배는 주로 고관·유지·기술자·지식인들이 끌려갔지만, 그 이후에는 작은 자와 가난한 자들도 귀양길에 올랐던 것이다. "바빌론의 강기슭에서" super flumina Babylonis 시온을 그리워하던 그들은 (시편 137) 왕도, 성전도, 올바른 재판을 해줄 재판관도, 조상이 물려준 유산도 모두 잃은 빈털터리들이었다. 이제 모두가 다시 바빌론의 사막에서 가난한 사람들이 되었기에, 유다 백성 안에서 사회계층의 차이는 자동적으로 사라지게 된다.

바빌론 체류 후반기에 와서 어떤 유태인들은 사업에 성공하여 경제적으로 부유한 자들이 된다. 그러나 이들 소수의 부유층을 제외하고 대부분의 유태인들은 바빌론의 집단농장에 노동자로 남아 있었다. 그러나 유배는 너무나 짧은 기간이었으므로 빈자와 부자들 사이에 본격적인 긴장이 있게 되었다고 말하는 것은 지나친 주장이 아닐 수 없다.

유배지에서 기원전 6세기 말경 팔레스티나로 귀향한 유태인들은 대부분 가난한 사람들이었다. 바빌론에서 사업에 성공한 부유한 유태인들은 그곳에 남아 있었다. 귀향한 유태인들은 고향에 돌아와 무일푼에서 다시 시작하려던 빈자들이었다. 그리고 오랫동안 이들은 가난한 생활을 맛보아야만 했다. 이들이 차지한 땅은 남북이 겨우 40km밖에 되지 않는 작은 영토였고, 수십 년간 옛 유다의 촌읍과 도시들은 쑥대밭이 된 채였다. 게다가 귀향 후 처음 몇 해 동안의 추수는 흉작의 연속이었다 (하깨 1.6.9-11 참조). 아마도 흉작의 원인은 노동력의 부족과 오랫동안 폐허로 방기된 농토라는 악조건 때문이었으리라.

또한 유태인들이 유배를 떠난 사이에 사마리아 사람들과 옛 식민주의자들 — 아시리아인들이 남기고 떠나간 외국인들 — 은 가장 비옥한 농토와 포도원들을 이미 다 차지하였고 귀향한 유태인들을 푸대접하였다. 바빌론에서 돌아온 유태인의 이 작은 무리는 "불경한 자들"이라 불리는 사마리아인들과 외국인들 앞에서 스스로가 "소외된 자들"·"가난한 백성"이라는 자기의식을 가지게 되었다. 실상 유배 이후의 성서문학에서 비유태인들은 유태인들을 압박하고 경제적으로 착취하는 부자들로 묘사되고 있다. 그들이 불경하다는 것은 빈자인 유다 백성을 착취함으로써 하느님을 모독하기 때문이다. 이사야 53,9와 시편에 나타나는 많은 가난한 시인들의 분노에서 "부자"와 "불경한 자"들은 동일인물로서 경제

적 착취자의 전형典型이 된다.[17]

점차적으로 "가난한 사람"('ani)이란 표현은 윤리적이고 영성적인 의미를 띠게 된다. 가난한 사람은 모든 것을 하느님으로부터 기대하는 자이며 그분께만 신뢰를 두는 자이다.[18]

이미 고대 이스라엘에서 그러했듯이 야훼는 원칙적으로 이스라엘의 왕이시다. 그러면 "야훼가 왕이시다"라는 말은 유배 이후의 문학에 와서는 가난한 사람들을 보호하고 방어하시는 분이시라는 뜻이다. 야훼는 가난한 사람의 해방자로서, "피의 복수자"(go'el dammin)를 두지 못한 빈자는 야훼께 기대를 걸게 된다(욥기 19,25; 시편 9,13; 19,15; 49,8.16; 69,19; 78,35; 예레 50,34; 피의 복수자에 대해서: 2사무 3,22-27 참조).

시인의 복수와 저주의 외침에서 우리는 그 외침을 영성화하거나 "약화"시키려는 유혹을 피해야 한다. 시인의 외침은 가난한 자의 복수자이신 야훼께 정의를 요구하고 있기 때문이다.[19] 사막에서의 "피의 복수자"는 해를 입은 자의 혈육이지만, 유배 이후의 문학에 와서 경제적 착취자에 대한 피의 복수자는 하느님 야훼이시다.

우리는 — 정보와 사료의 부족으로 — 이 시대의 사회상에 대해서 상세하게 말할 수는 없다. 하지만 이 시대의 새 부자들은 "사제계급"인 것으로 보인다. 그것은 제정祭政일치의 사회구조에서 사제들이 국가생활 전반에 걸쳐 중추적인 역할을 담당하였기 때문이다. 신약성서의 문전에 이르러 사제들이 부자들로 나타난 것은 결코 놀라운 일이 아니다.

---

[17] A. KUSCHKE, Arm und reich im Alten Testament mit besonderer Berücksichtigung der nachexilischen Zeit, ZAW (1939), 31-56.

[18] A. GELIN, Les Pauvres que Dieu aime, Paris 1967, 172 이하.

[19] 서인석, 「복수와 저주의 시편」, 『신학전망』 23 (1973), 92 이하.

예수 시대

서기 1세기 팔레스티나의 사회 상황은 우리가 지금까지 살펴본 시대의 것과는 매우 다르다.[20]

이 시대에 관한 우리의 사료는 4복음과 유태인 사가史家 요세푸스Flavius Josephus의 저서들이다. 성서고고학은 우리가 문헌을 통해 이미 알고 있는 사실을 확인시켜 줄 뿐, 새로운 지식을 제공하고 있지는 못하다.

예수 시대에 팔레스티나의 민중은 주로 노동자·기술공·농부들로 구성되어 있었다. 갈릴래아 지방 농부들 중에는 소수의 자유 농민들도 있었으나, 대부분은 대지주들에게 예속되어 있는 소작인들이거나 품팔이 농사꾼들이었다. 그 증거로 일꾼들을 들판으로 보내는 "추수하는 주인"(마태 9.37-38), 곡식과 가라지가 섞인 밭으로 "종들"을 보내는 "주인"(마태 13.27), 포도원에서 일할 "일꾼" — 날품팔이 — 을 "고용하는 주인"(마태 20.1 이하) 등의 비유에서 주인과 종들 — 농노들? —, 근로자들의 모습이 뚜렷이 드러나고 있다. 그리고 예수가 첫 공생활을 시작한 티베리아 호수의 어부들은 일종의 어업조합 같은 것을 조직하였다. 그들은 시몬의 "동료들"(*koinônoi, metochoi*, 즉 동업자들?)이란 표현을 쓰기 때문이다(루가 5.7.10 참조). 유다 지방 주민의 생업은 포도·올리브·무화과나무 재배였으며, 농산물과 관계된 기업 — 기름 제조업 — 을 주로 하였다. 유다와 갈릴래아의 도시 주민들은 장인들이 대부분이었으며, 그들의 기술 분야는 주로 토목공사와 식품·의류제품의 생산이었다. 나자렛의 예수는 목수였다.

---

[20] J. JEREMIAS, *Jérusalem au temps de Jésus, Recherches d'histoire économique et sociale pour la période néo-testamentaire*, Paris 1967.

서기 1세기의 팔레스티나 사회상은 얼른 보기에 비교적 부지런하고 상대적으로 독립된 자유민이란 인상을 풍기고 있다. 하지만 실제로는 그렇지 못했다. 왜냐하면 그들은 이중과세에 심히 시달리고 있었기 때문이다. 민중은 예루살렘 성전의 무거운 과세와 식민주의자들인 로마인들의 과세에 시달렸다.

예루살렘 성전의 과세는 기원전 5세기부터 내려오던 세제稅制였다(느헤 10,33; 출애 30,13-16). 이에 따르면 21세 이상의 유태인들은 예루살렘 성전의 정상적인 기능과 유지를 위해 매년 세금을 내야 했다. 로마인들은 팔레스티나를 정복한 후 유태인들이 이 세금을 계속 징수하는 것을 인준하였다. 예수 시대에 와서는 로마 제국에 흩어져 있는 유태인이건 팔레스티나에 거주하던 유태인이건간에, 모두가 반 세겔 — 혹은 한 드라크마 — 의 성전세를 지불해야 했다(마태 17,24-27 참조).

유태인들은 의무적이고 연차적인 이 성전세 외에도 성전을 방문할 때마다 여러 가지로 호주머니를 털렸다. 예루살렘 성전은 방문자들의 전대錢帶를 노렸던 것이다. 즉, 제사에 바쳐질 동물 판매에서의 이익금, 환전상 — 이교도들의 금전은 부정한 것이므로 성전에서 쓰여질 수 없었다 — 의 수입, 서원誓願을 취소할 때 바친 돈(사도 21,24 참조), 성전 사유지에서 들어오는 수입, 성전 헌금궤의 수입(마르 12,41-44 과부의 헌금 참조) 등이 예루살렘 성전의 수입원이었다.

성전의 파괴를 예언하고(마르 13,1-2; 마태 26,61), 동물 상인들과 환전상들의 의자를 둘러엎은 나자렛의 목수(마르 11,15-19)는 대제관들과 율법학자들의 수입원을 정면으로 봉쇄하려 한 것이다. 그가 성전을 "강도의 소굴"(마르 11,7)이라고 부른 것은 예루살렘의 성전과 조직이 대단히 큰 경제적 세력이었으며 백성에게 적지 않은 세금을 부담시킴으로써 경제적 착취를 했

기 때문이리라. 1세기의 성전은 거두어들인 돈을 건물 유지와 화려한 장식에 사용하기도 했다.[21]

성전이 부과하던 온갖 과세에 못지않게 팔레스티나의 유태인들은 로마의 무거운 과세에 시달리고 있었다. 예레미아스J. Jeremias는 유다 지방에만 부과된 로마의 매년 세금이 600달란트나 된다고 했다. 이 금액은 마태오 20,2에 나오는 농사꾼의 하루 품삯인 한 데나리온으로 나누면 그 일꾼이 6,000,000일 동안 일해야 벌 수 있는 큰 금액이다. 100만이 조금 못되는 당시 유다 주민에게 이같은 금액은 대단히 큰 부담이 아닐 수 없었다. 로마인들의 과세는 금전에만 국한된 것이 아니었다. 지세地稅와 인두세人頭稅 외에도 부역, 로마 군대의 병영과 순찰대에게 하던 식품 제공, 국경을 건너오는 상품에 대한 통관세 등도 있었다.

이상의 이중과세 때문에 민중은 대부분 가난에 허덕이게 되었다.

그러면 성전 수입의 혜택을 받은 자들은 누구인가? 혜택을 받던 자들은 얼른 보기에 사제단이라 생각할 수도 있지만 실상은 그렇지가 않다. 원칙적으로 사제들의 생계비는 신도들이 바치는 "십일조"였는데, 당시 신도들이 십일조 바치기를 소홀히했기 때문에 대부분의 사제들은 노동을 하여 생계를 유지하였다. 당시 팔레스티나의 사제 숫자는 상당하였으므로(약 18,000명 정도), 그들은 아주 드물게 예루살렘 성전에서, 그나마도 윤번제로 사제직을 수행했다(루가 1,8 참조). 따라서 성전의 재원財源에서 혜택을 받던 자들은 자기네 가족 중에서 "대사제"가 뽑힌 가족들이다. 복음이 "사제들의 우두머리" 그리고 "사두가이파 사람들"이라 부르는 자

---

[21] 요세푸스의 증언에 의하면 70년 예루살렘 성전이 로마인들에 의해 파괴된 후에 성전의 장식에 사용되었던 금이 시리아 시장에 유출되자 당시 시리아의 금 값이 50%나 내려갔다고 전한다(『유태인 전쟁』 VI, 6).

들은 대사제 가족에 속하는 인물들로서 성전의 제반 활동을 지휘통솔하였다. 예를 들면 안나의 가족은 제사에 바쳐질 동물의 매매를 관장하였다. 사두가이파 사람들처럼 성전의 재원에서 직접적인 혜택을 받지는 않았지만 "장로들"이라 불리는 자들도 예루살렘의 부자층에 속했다. 장로들은 예루살렘의 유지들이며 대지주들이거나 부유한 상인들이었다. 그들은 대사제 가족들의 책임자들과 함께 유태인의 제반 생활을 통솔하는 의회인 "산헤드린"의 멤버들이었다.[22]

일반적으로 대사제들과 장로들은 식민 통치자들인 로마인들과 우호적인 관계를 맺고 있었다. 그들이 성전의 혜택을 받게 된 것은 로마인들이 예루살렘 성전세를 인정해 준 덕분이었다. 그런 이유로 그들은 기성 체제를 전복하려는 모든 저항세력에 가장 강력한 반응을 보였으며, 또한 그들이 성전의 경제적인 세력에 도전한 예수를 죽이려 했던 것은 놀라운 일이 아니다.

로마인들의 세제에서 혜택을 누리던 자들은 두 부류가 있다. 그 첫째는 우리가 방금 언급한 예루살렘의 장로들이다. 실상 로마 총독은 이 장로들 가운데서 일종의 세무청장들인 "세금 징수 책임자"들을 선정하여 유태인들에게서 세금을 징수하는 책임을 지웠으며, 또한 이들이 정해진 액수를 거둬들이지 못할 때 사재私財를 털어 그 차액을 보충케 했다. 당시의 세무청장들이 악착같이 세금을 거두었음은 쉽게 상상할 수 있다. 그 다음 부류의 인간들은 세금 징수를 위해 호구 방문을 할 수 없었던 그 세무청장들과 로마 세무청의 하수인들이다. "세리들" publicani이라 불린 그들은 로마 세제의 일부인 "공공세"公共稅(publicum)라는

---

[22] 산헤드린에는 바리사이적 경향을 띤 율사(scribes)들이 있었는데, 이들은 경제적으로 소박한 계층에 속하였다.

세금을 징수했다. 공공세는 간접세와 통관세에 해당했다. 이 세리들이 민중의 멸시와 미움을 샀다는 것을 복음은 우리에게 자세히 전해준다.[23] 그들은 거둬들인 세금을 횡령하여 사복을 채웠으며 — 세리장이로 부자가 된 자캐오(루가 19,2) —, 또한 세례자 요한이 세리들에게 횡령하지 말도록 부탁한 것은 이들의 횡포를 경고한 것이다. "너희에게 (로마인들이) 정해준 것보다 더 받지 말라"(루가 3,13).

이상의 막중한 이중과세에서 희생자들은 언제나 민중이었다. 무거운 세금에 시달리는 민중은 한걸음 더 나아가 사채놀이를 하던 세리들에게 많은 빚을 지게 된다 — 불의한 관리인의 비유에서 빚진 주인의 모습은 이같은 상황을 전제할 때 쉽게 이해가 간다(루가 16,1-8 참조). 또 많은 사람들이 "거지"가 된다(루가 16,3 참조). 당시 랍비 문학은 거지들에게 적선할 것을 자주 추천하며, 예수는 예리고의 맹인과 같은 거지들을 수없이 만나게 된다. 그 거지들 중에 치료비를 낼 수 없는 병자들과 과부들이(루가 18,2-5) 많이 끼여 있었다는 것은 잘 알려진 일이다. 이들은 인생의 시궁창에서 허덕이던 자들이었다.

민중의 대다수는 비참과 가난에 시달렸다. 그러나 그중 일부는 불의한 관리인의 속말대로 "땅을 파자니 힘이 없고 빌어먹자니 부끄러워서"(루가 16,3) "도둑질"을 시작하게 된다. 요세푸스의 증언에 의하면 당시의 많은 이들이 강도의 무리가 되어 길가 한적한 곳에서 행인들을 털었다고 한다. 착한 사마리아인의 비유도 이같은 상황을 전제한다(루가 10,30). 또한 예수는 자신의 도래를 밤중에 갑자기 덮치는 도둑에 자주 비유하지 않았던가(마태 24,43-44). 로마인들의 학정과 가렴주구를 피해 치외법권

---

[23] 세리들에 관해서 B. J. BAMBERGER, Tax Collector, *The Interpreter's Dictionary of the Bible* VI, col. 522.

적 무리가 된 자들 중에 "혁명당원"Zeloti이 끼여 있었다. 성서학자들은 주로 이들의 반란 동기를 "반反로마주의"라는 정치적 차원에서 이해하려 했으나, 그들의 반란 동기가 반드시 정치적 차원에만 국한될 수는 없다.[24] 그들이 로마인들에게 저항한 것은 사회경제적 이유가 1차적 동기가 아닌가 생각한다. 물론 그들의 저항 동기 가운데 정치적·종교적 차원도 포함되었음은 말할 것도 없다. 하여튼 혁명당원들이 66년 예루살렘을 잠시 점령하여 통솔하게 되었을 때 그들이 제일 먼저 서둔 것은 유태인들의 "빚문서"를 불태우는 것이었다. 경제적 요인이 작용했기 때문이리라.

결론적으로 우리는 예수 시대가 혼란한 시대요, 사회적으로 극히 불안한 시대였다는 것을 알 수 있다. 빈부의 차이는 극심했으며 일부 특권층은 로마의 제국주의에 영합하여 치부에 혈안이 되어 있었다. 종교는 마술적 요소 — 정淨과 부정不淨의 계율(레위 1-16장 참조) — 의 노예가 되어 성전의 경제적 재원 확보에만 급급했다. 예루살렘의 성전을 자신의 사리사욕에 예속시킨 이들 유태인 지도층은 자기네 백성의 가난한 사람들과의 형제적 사랑과 유대의식보다는 차라리 외국 세력의 "앞잡이들"이 되었던 것이다.

가난한 사람들은 대부분 유태인과 로마의 압제 세력에 짓눌렸으며 거의 체념 상태에 빠져 있었다. 오직 극소수의 분자들이 압제 세력에 반항했을 뿐이다(혁명당원). 우리는 예수가 누구의 편에 섰고 또 누구와 공동 운명할 것을 작심했는지도 잘 알고 있다. 무엇 때문에 또 어느 세력의 희생제물이 되었다는 것이 밝혀진 셈이다.

---

[24] 혁명당원에 관해서 S. G. F. BRANDON, *Jesus and the Zealots*, Manchester Univ. Press 1967.

결 론

성서라는 문학을 탄생시킨 2,000년 가까운 시대의 역사를 경제·사회적 측면에서 일별해 보았다. 빈부의 차이, 즉 부익부 빈익빈 현상은 "도시화 현상"과 동시에 발생하여 "군주정체의 수립"과 더불어 점점 더 격심해졌다는 것을 알 수 있다. 빈부의 격심한 차이는 이스라엘의 건국헌장이라 할 계약의 조건을 위태롭게 했다. 즉, 연대의식과 공동책임의 상실은 이스라엘로 하여금 계약의 공동체 성원간에 사회불의와 극심한 불평등을 조장시켰던 것이다. 드디어 이스라엘은 불의와 불평등으로 기원전 587년과 서기 70년이 있었던 두 차례의 국가 멸망이라는 참변을 맛보게 되었다. 600년의 간격을 둔 이스라엘의 이 두 국가 멸망의 전야에 지도자들이 취한 결단과 태도는 자기네의 권익과 사리사욕을 채우기에 급급하는 것이었다. 지도자들을 잃은 이스라엘의 민중은 역사의 참변에서 또 한번 비참한 운명을 짊어질 수밖에 없었다. 이스라엘의 지도층은 기원선 8세기 예언자 아모스의 경고를 도외시했기 때문이다. 실상 사회정의를 외친 아모스의 분노는 인류 사상사思想史에 "새로운 장章"을 열었다. 아모스에게 한 국가의 흥망은 그 나라가 추구하는 정의구현과 정신문화의 높은 수준, 그 나라가 가난한 사람들에게 기울이는 배려와 사랑, 인간의 존엄성과 신의 절대주권을 인정하느냐에 달려 있다는 것이다. 1세기에 혁명당원들이 사회개혁을 서둔답시고 민중봉기 운동을 일으켰으나 막강한 로마 제국의 세력에 대항하기에는 너무나도 미약했다. 예수는 아모스와 더불어 근시안적인 "정치적 메시아니즘"을 거부했던 것이다.

역사의 교훈은 작은 자들과 가난한 자들에게 무참하고 잔인하다. 역사적 사건들과 통계숫자만 볼 것 같으면 작고 가난한 자들에게 희망이 전혀 없다고 말할 수밖에 없다.

　이들에게 희망이 있다면 "강력한 말씀"이 성서 안에 보존되었다는 것 뿐이다. 이 말씀은 바로 성서의 율법 제정자들, 예언자들, 시인과 현자들 그리고 갈릴래아의 "가난한 목수"의 말씀이다. 우리는 이 말씀들에서 희망을 얻어야 한다. 우리 시대의 모든 인간들에게 이 말씀들은 하나의 "갈증"과도 같이 절실하다.

　　　보라, 날들이 다가오고 있다.
　　　— 아도나이 야훼의 신탁 —
　　　내가 이 땅에 기근을 보내리니
　　　이는 빵이 없어 굶주리는 것이 아니오
　　　물이 없어 목마른 것도 아니오
　　　야훼의 말씀을 듣지 못하는 굶주림이리라(아모 8,11).

제2장

율법은 빈자의 권리
— 계약의 법전 —

15년 전에 제2차 바티칸 공의회는 정의문제를 세계적 차원에서 제기하기 시작했다. 또한 1967년에는 로마 교황이 「민족들의 발전」*Populorum Progressio* 이라는 회칙을 반포했고, 1971년에는 전세계의 가톨릭 주교들이 "세계의 정의"*Justitia in mundo*라는 제하(題下)에 로마에 모여 현대세계의 빈부의 격차와 사회불의에 대해서 반성하기 시작했다. 그러나 아직도 이 세계에서 "부익부 빈익빈"의 구조적 부조리는 개선되지 않았다. 문제는 현대의 과학 기술 사회의 문턱을 넘어선 인류의 3분의 1이 적어도 세계 자원의 75%를 여전히 통제하고 소비하고 있다는 점이다. 또한 이러한 부유한 나라에 사는 대부분의 사람이 그리스도교 신자들이다. 즉, 세계 자원의 불균등한 분배의 책임이 소위 "사랑과 정의"를 외치는 "그리스도교 신자들"에게 있다는 것은 심각한 현실이 아닐 수 없다. 부유한 그리스도교 국가들이 가난한 개발도상국들에게 "미안합니다. 우리는 우리의 생활수준을 유지해야겠습니다. 그러므로 인류의 공생이 가능하게 당신네 생활수준을 낮추시오" 하며 세계의 경제구조를 농간하고, 보호무역이란 미명하에 "집단적 이기주의"에 빠져 있는 듯한 인상을 짙게 한다. 세계적 차원에서 부자의 위와 같은 태도는 개발도상국의 국내적 차원에서도 마찬가지이

다. 한번 더 그리스도인은 분배정의의 기본문제 앞에 서야 한다.[1]

하여 교회는 모든 선의의 사람들에게 "인간의 전인적 발전과 인류의 연대적 발전"을 추구하지 않을 수 없었다(교황 바오로 6세, 「제민족의 발전」 참조). 그러나 가톨릭 교회의 이같은 요구는 새로운 것이 아니다. 분배정의에 관한 가톨릭 교회의 관심은 유구한 전통에 자리잡고 있다. 실상 구약성서의 전숲 시대에 걸쳐 이스라엘의 율법 제정자·예언자·시인·현자들은 분배정의에 관한 한 "인류의 연대성"을 끊임없이 외쳤기 때문이다. 그들은 동시대의 사회문제에 대해 "하느님의 관점"을 옹호함으로써 어떤 해결을 추구했으며, 인간들을 심판하러 오시는 "그분의 말씀"을 선포했다.[2] 교회가 다시 정의문제를 들고 나오는 이유는 성서의 가르침을 현실화하고 가난한 사람들에게 제일 먼저 해방의 기쁜 소식을 선포한 그리스도교 창설자의 모범을 따르는 것에 불과하다. 예수는 당신 사명의 징표로 가난한 사람들의 해방과 구원을 최우선적으로 제안했기 때문이다. 그분은 "인류문제의 전문가"expert on humanité인 히느님 백성의 우두머리로서, 오늘의 우리들에게도 가난한 사람들의 권리를 옹호한 율법을 완성한다고 말하고 있기 때문이다(마태 5,17 참조).

경제적으로 극심한 빈곤과 사회불의 앞에서 복음의 행복선언(마태 5-7장)을 기다리며, 이스라엘의 가난한 사람들은 율법과 예언서 그리고 성문서집의 "말씀"에서 참된 해방의 희망을 발견하였다.[3]

구약의 3대 부분에서 우리는 이것을 발견해야 하리라. 즉, 율법에서

---

[1] B. 워드, 「세계정의의 구조」, 『전망』 17 (1972), 42-4.

[2] 이스라엘의 사회의식에 대한 기본 연구는 C. Van LEEUWEN, *Le développement du Sens Social en Israël avant l'ere chrétienne*, Assen 1955이다. 이 문제에 대한 참고 문헌이 동서(同書) 231-5에 수록되어 있다.

"가난한 사람들의 권리"를 발견해야 하고, 예언서들에서 "가난한 사람들의 외침"을 들어야 하며, 그외의 성문서집에서 "가난한 사람들의 기쁨"을 맛보아야 하리라. 성서의 빈자들은 하느님의 말씀에서 자기네의 권리와 외침과 기쁨을 얻을 수 있었으므로 "희망이 끊어진 때에도 믿고 바라는"(로마 4,18) 아브라함의 참된 후손들이 아닐까.

모세의 율법은 빈자들의 권리를 대변한다고 한다. 율법의 정신을 더 잘 이해하기 위해 이스라엘이 독특하게 체험한 역사적 사건을 상기해야 한다. 그 사건은 억압이었다. 이스라엘이 하나의 백성으로 탄생한 것은 "에집트에서의 억압"이라는 역사적 체험이 먼저 있었기 때문이다.

억 압

이스라엘 역사의 첫장은 압제라는 숨막히는 사회 상황에서 출발한다. 이스라엘이 단일민족으로 뭉친 것은 "에집트에서의 종살이" 때문이다.

> 그때 요셉을 알지 못하던 새 왕이 에집트의 왕이 되었다. 그는 자기 백성에게 이렇게 말했다. "보라, 이스라엘 자손들의 백성이 우리보다 더 수가 많고 강하게 되었다. 자, 우리가 현명한 처사를 하여 그들이 불어나지 않도록 하자. 전쟁이라도 일어나면 그들이 우리 원수들 편에 붙어 우리를 치고 이 땅에서 도망칠 것이다." 그러자 사람들은 그들에게 강제노동 감

---

[3] 유태인들은 히브리 성서를 "율법"·"예언서들"·"그외의 서책들"(성문서집)로 구분하고 있다. 성서의 그리스어 역자 벤 시라는(집회서 서문, 1,8-10.24-25 참조) 기원전 2세기에 이 구분법을 이미 알고 있었다.

독관들을 두어 그들을 심한 부역으로 시달리게 했다. 그들은 이렇게 해서 파라오의 창고도시 피톰과 람세스를 건설하게 되었다. 그러나 사람들이 그들을 억압하면 할수록 더 불어나고 퍼지게 되어 이스라엘의 자손들을 두려워하게 되었다. 에집트 사람들은 이스라엘 자손들을 더욱더 혹독하게 부렸다. 그들(에집트 사람들)은 그들(이스라엘 사람들)의 생활을 갖가지 노동, 즉 회반죽·벽돌굽기·온갖 밭일 등으로 고통스럽게 했으며, 온갖 종류의 종살이로 그들을 혹독하게 부렸다(출애 1,8-14).

에집트인들의 억압정책은 점점 심해졌고, 강제노동과 끝없는 작업량은 이스라엘 백성 전체의 생활을 노예생활로 만들었다. 출애굽기 5,22는 이 드라마를 "야훼께서 이스라엘에게 고통을 내린 것"으로 풀이하고 있다. 모세는 백성과 더불어 "주여, 이 백성을 이렇듯이 괴롭히십니까?" 하고 외쳤으니, 야훼께서 조상들과 맺은 계약을 잊어버렸기 때문이다.

시나이 반도의 사막에서 유랑하던 베두인 유목민들은 흔히 기근이 들 때 양식을 구하러 에집트로 내려갔다. 에집트는 나일 강 덕분에 악조건의 기후로 시나이 반도에 기근이 들 때에도 언제나 농산물이 풍부했다. 아시아 사막의 유목민들은 모세 시대와 그 이전에도(창세 12,10 이하) 에집트에 내려가서 양식을 얻어 연명했다.[4] 이스라엘 지파들이 고셴Goshen 지방에 정착한 것도 이같은 기근과 시나이 사막의 기후조건 때문이라는 것은 잘 알려진 사실이다. 당시의 히브리 사람들은 이주민으로서 에집트의 시민권을 얻지 못하였기 때문에, 파라오 정권은 이들을 쉽게 국가적

---

[4] *Papyrus Anastasi* VI (Sethi II, 기원전 1215년경의 문헌)에 보면 에집트의 한 관리가 에돔의 베두인 유목민들을 델타의 목초지로 들어오게 했다는 보도가 있다 (*ANET*, 259).

대공사에 노동력을 제공하는 노예로 삼을 수 있었다.[5]

에집트의 절대군주적인 행정체제는 국가의 경제 건설을 위해서 베두인 유목민들을 노동력의 보고로 여겼다. 에집트 파라오 정부는 노동자들을 찾기에 혈안이 되어 있었다. 원칙적으로 파라오 왕권의 모든 신민(臣民)이 부역의 의무가 있었으나 실제로는 사회적 신분이 낮은 가난한 자들과 전쟁 포로·범죄자들, 베두인족 같은 이주민들이 강제노동에 동원되었다. 노동일은 농사, 벽돌제조, 피라미드 건축에 쓰이던 돌의 운반, 채석장일, 광산일 등이었다. 사막에서 자유롭게 유랑하던 히브리 유목민들에게 농경문화가 요구한 이같은 노동은 도저히 참을 수 없는 고역이었다.[6]

성서는 이 사실을 다음과 같이 표현하고 있다.

> 이스라엘 자손들은 그들의 종살이 때문에 탄식하고 울부짖었다. 그리고 종살이에서의 그들의 울부짖음은 하느님에게까지 올라갔다(출애 2,23).

압제자들 앞에서 울부짖던 압박받는 자의 외침을 하느님께서 들어주신 것이다.

> 나는 에집트인들이 부리던 이스라엘 자손들의 신음소리를 친히 들었노라. 그리고 나는 내가 맺은 계약을 기억했도다(출애 6,5).

---

[5] M. NOTH에 의하면 당시 히브리인들의 사회적 신분은 에집트 문헌에 나타나는 하비루('pr)와 비슷하다고 한다. "하비루"들은 이방인들로서 일반 민중에 속했고 주로 강제노동에 종사한 자들이다(동 저자, Exodus, Das Zweite Buch Mose, ATD, Göttingen 1959, 11); Papyrus, Leiden 348(기원전 1301~1234년의 문헌)은 람세스 2세 시대의 문헌으로서 하비루들의 채석작업에 대해 보도하고 있다(K. GALLING, Textbuch zur Geschichte Israel, Tübingen 1950, p.30 D).

[6] "왕궁과 델타 동편의 요새지를 건설한 이스라엘인들의 부역은 대단히 힘든 것이었으며 역사적으로 의심할 여지가 없는 사실이다"(F. DAUMAS, La civilisation de l'Egypte pharaonique, Paris 1965, 237).

율법은 빈자의 권리 53

이스라엘의 하느님은 "해방자"liberator로 자신을 "계시"하신다. 그분은 약자와 빈자의 편에 서서 그들을 비참에서 건져내시는 뜻으로 해방자가 되셨다.[7]

사가史家의 차가운 눈에 히브리인들의 탈출은 강제노동에 시달리던 한줌의 베두인 무리가 모세라는 혁명가의 영도로 사막으로 달아난 예사의 사건으로 비칠 수도 있었으리라. 그러나 이스라엘의 신앙에 출애굽의 사건이야말로 당신의 백성을 종살이에서 자유인으로 해방시키는 "노예석방령"에 해당한다. 하느님의 이같은 구원 간섭은 종살이에서 자유인이 되는 "해방신학적 테마"가 되어 끊임없이 이스라엘 신앙을 심화시켰다(시편 105 참조). 출애굽은 종살이에서 벗어나 하느님을 섬기게 된 사건de la servitude au service이다. 에집트의 종살이는 "이스라엘의 멸종"을 의미한다. 하느님은 기적적으로 이스라엘을 노예생활에서 해방시켜 당신 백성의 생존을 가능케 했다. 야훼께서 처음으로 들어주신 외침은 하늘을 향해 외치는 "압박받은 자의 외침", 고난과 사회붙이에 허덕이는 "노예의 외침"이었다.

이스라엘의 이웃 나라들

이미 제1장에서 우리는 가나안 정착과 왕정 시대에 와서 어떻게 옛 이스라엘이 가졌던 "사막의 연대의식"이 파괴되고 "부익부 빈익빈" 현상

---

[7] 신명기에 와서 에집트에서의 탈출은 "구원"으로 이해되고 있다. yṣ'(= 나가게 하다) 동사의 hifil형(形)은 "해방" 혹은 "포로 석방"의 뜻을 지니고 있다(P. HUMBERT, Dieu fait sortir. Hiphil de yāṣa' avec Dieu Sujet, *Theologische Zeitschrift* XVIII [1962], 91-102).

이 나타났는지 살펴보았다.[8] 사막의 씨족 공동체는 가나안의 농경문화에 와서 붕괴되고 사회계층이 생겼으며, 새로 출현한 대지주계급은 시골의 프롤레타리아(소농민)를 착취하게 되었다. 도시화 현상urbanisation과 군주체제monarchie는 사막의 형제적 공동체를 결정적으로 위협했다. "정착문화의 위기"la crise de sédentarisation는 이스라엘의 사회구조를 붕괴시킨 것이다. 그 위기는 새로운 "법제"를 요구하게 되었다. 바로 이 위기에 대처하기 위한 사제들의 노력이 "계약의 법전"(출애 20,22 - 23,19)과 "신명기 법전"(신명 12-26장)과 "성법전"聖法典(레위 17-26장)에 담겨져 있다. 그런데 이스라엘의 사제들은 이상의 법전들을 깡그리 발명해 낸 것이 아니다. 그들은 고대 근동의 공동유산으로 내려오던 법정신法精神을 탈출애굽의 해방신학적 기초 위에서 받아들이고 토착화시켰다. 우리가 언급한 세 법전의 사회적 요인을 밝히기에 앞서 고대 근동의 법전들이 빈자들에게 기울인 정성과 배려를 간단하게 알아보는 것은 이스라엘의 법정신을 이해하는 데 도움을 줄 뿐만 아니라 그 "삶의 자리"Sitz-im-Leben를 밝히는 데도 필요하다.

고대 근동의 정착사회들은 권력과 재력을 갖춘 개인 혹은 사회계층의 필연적인 출현으로 해서 사회적·경제적 불평등의 문제에 직면하게 되었다. 수메르 문명 이후 셈족의 민족 이동으로 형성되기 시작한 고대 근동의 도시문화 형성은 필연적으로 사유재산 제도를 낳았고 셈족의 "씨족적 유대"를 붕괴시켰다.[9] 사유재산의 출현은 또다시 자본의 축적을 가능케 했으며 부유층은 자본가로 처신하게 되었고, 자본의 축적에서

---

[8] 본서 제1장, 가나안 정착과 왕정 시대.

[9] 셈족의 민족 이동에 관하여: 존 브라이트 저, 김윤주 역, 『이스라엘의 역사』, 분도출판사 1978, 41 이하.

소외된 자들은 빈자층을 형성하였다. 고대 근동의 지혜문학에서 크게 영향을 받은 욥기의 시인은 자본가들로부터 착취당하고 억압받던 가난한 사람들의 모습을 처절하게 묘사하고 있다.

악한 자들은
지계표를 멋대로 옮기고 양떼를 훔쳐다가 치며
고아들의 나귀를 끌고가고 과부의 소를 저당잡는도다.
그들은 빈자들을 길에서 밀쳐내니
나라의 모든 가난한 사람들은 아예 숨어버리는도다.
사막의 들나귀들처럼 그들(빈자)은
새벽부터 꼴을 뜯으려고 일하러 나가며
광야에서 그 자식들에게 먹일 것을 찾아야 하는도다.
들판에서 그들은 꼴을 뜯고
악인의 포도원에서 남은 것을 줍는도다.
밤이 오면 걸칠 옷도 없어 알몸으로 지새우고
추위도 덮을 것도 없는 신세,
산에서 쏟아지는 폭우에 흠뻑 젖었어도
숨을 곳도 없어 그들은 바위에나 매달리는도다.
그들(악인)은 아비 없는 자식을 젖가슴에서 떼어내고
가난한 사람에게서 저당잡기를 요구하고
걸칠 옷도 없이 알몸으로 가난한 이를 걷게 하고
굶주린 자들에게 곡식단을 나르게 하는도다.
그들(빈자)은 남의 집 돌담 사이에서 기름을 짜며
포도 짜는 술틀을 밟으면서 목이 타오르는도다(욥기 24.2-11).

시인의 구체적인 표현 속에서, 부채를 갚을 길 없어 채권자에게 억압당하는 빈자들의 모습, 아무도 불쌍히 여기지 않고 가난한 농부의 농토를 가차없이 빼앗고 그 노동력을 착취하는 부자들의 악랄한 모습, 가난한 농부들의 생존권마저 탈취하여 그들을 농노의 신분으로 전락시키는 대지주들의 잔인무도함이 생생히 묘사되어 있다. 이같은 상황은 한 사회의 조화와 일치를 파괴한다.

"사회의 균형을 유지하기 위해서 경제적으로 약한 이 빈자들을 보호하지 않으면 안된다. 이들을 보호하는 효과적인 수단으로 빈자들의 보호가 제諸 신의 계명으로 나타나든지 아니면 국왕의 주된 임무로 지정되어야만 했다."[10] 이스라엘의 이웃 나라들은 이같은 필요성을 잘 알고 있었다. 고대 근동의 나라들은 비록 이스라엘의 빈자 보호와는 다소 성격을 달리하지만 인도주의를 부각시키는 데 크게 이바지했다.

이스라엘의 두 이웃 강대국은 북으로 메소포타미아 — 성서 시대에는 아시리아·바빌로니아·페르샤인들의 제국이었다 — 와 남으로는 에집트였다. 그리고 지리적으로나 문화적으로 이스라엘에 직접적으로 영향을 끼친 나라들은 가나안의 도시국가들과 그중 특히 우가릿Ugarit을 손꼽을 수 있다. 구약 시대 사람들의 신앙은 고대 근동의 문화에서 크게 영향을 받고 있었기 때문에 성서 텍스트는 고대 근동의 문헌을 바탕삼아 해석되어야 한다.

기원전 3000여 년경 메소포타미아의 문헌들을 보면 당시의 왕 "우루카기나"(기원전 25세기)와 "우르나무"(기원전 21세기)가 과부·고아·경제적으로 약한 자들을 압제자들에게서 구출한 사실을 크게 자랑삼고 있음을 볼

---

[10] F. C. FENSHAM, Widow, Orphan, and the Poor in Ancient Near Eastern Legal and Wisdom Literature, *Journal of Near Eastern Studies* 21 (1962), 139.

수 있다.[11]

한편 기원전 18세기에 바빌론의 첫 제국을 창건한 함무라비 왕은 그의 법전으로 유명하다. 법전의 서문과 발문에 그의 법정신이 잘 드러나 있다. 왕의 법들이 반포된 것은 "강자가 약자를 억압하지 못하도록" 하는 데 목적이 있다는 것이다.[12] 함무라비와 모든 셈족계의 왕들에게 정의는 모든 이에게 구별없이 적용되는 차디찬 규칙도 아니요, 눈을 감고 저울질을 하는 신의 속성도 아니다. 정의는 왕이 사회에 가져오는 질서·조화·정열passion이다.[13]

기원전 7세기의 아수르바니팔Assurbanipal 왕은 가난한 사람들의 부류를 아래와 같이 나열하며 왕의 정의가 관심하는 사람들을 일일이 지적한다: "천한 자, 병약자, 고뇌에 빠진 자, 가난한 사람, 아들이 포로로 끌려간 어머니 …, 가족에게서 멀리 떨어져서 사는 자, 자기 도시에서 멀리 떠나 있는 자, 광야의 적막함 속에서 떠는 목동, 전장에 간 소치는 목자, 원수들 가운데 양떼를 지키는 자"들이다.[14] 왕의 정의가 정열적으로 관심을 기울인 대상은 바로 빈자들이다.

에집트에서는 법조문들이 드물게 나타난다. 파라오 자신이 법maat의 화신이기 때문이다. 그러나 람세스 4세의 즉위식(기원전 1166) 때의 찬양시에서 이상형의 파라오의 모습이 다음과 같이 묘사되어 있다.

---

[11] *Urukagina*, Cônes B et C, XII 23-5; *Ur-Nammu*, Ni, 3191 IV 162-9.

[12] André FINET, *Le code de Hammurapi*, Paris 1973, 136. 발문 제60항.

[13] H. CAZELLES, A propos de quelques textes difficiles relatifs à la juitice de Dieu dans l'A.T., *RB* 58 (1951), 169-83.

[14] 태양신 "샤마쉬"에게 바친 찬양시(W. G. LAMBERT, *Babylonian Wisdom Literature*, Oxford 1960, 134-5, 132-7행).

굶주린 자들이 즐겁게 배부르고,
목마른 자들이 술에 취하며
헐벗은 자들이 고운 아마포로 옷을 해 입고
누더기를 입은 자들이 흰옷을 입게 되며
감옥에 갇힌 자들이 석방되고
고뇌에 빠진 자들이 기쁨을 되찾는도다.[15]

우가릿 문헌에서 케렛Keret 왕의 전설은 부정적인 표현을 통해 이상적인 왕의 모습을 제시하고 있다.

너(케렛 왕)는 과부의 송사를 심판하지 않았고
불행한 자의 권리를 찾아주지 않았도다.
너는 가난한 사람을 착취하는 자를 내쫓지 않았고
네 앞에 있는 고아를 먹이지 않았으며,
네 등뒤에 있는 과부도 먹이지 않았도다.
너는 병자에게 형제애를 보이지 않았고
그 고통의 침상에서 친구가 되어주지 않았도다.[16]

신이나 우가릿 법은 왕이 빈자, 특히 과부·고아·병자를 철저히 돌볼 것을 요구하고 있다(시편 72 참조).[17]

---

[15] J. DUPONT의 번역을 따랐다(*Les Béatitudes*, t.2, Paris 1969, 60).

[16] *Ibid.*, 60, col. VI, 46-50행.

[17] 가나안 종교의 사회적 문제에 관하여 J. GRAY, Social Aspects of Canaanite Religion, *VTS* XV, Leiden 1966, 170-92.

우리가 인용한 몇 가지 텍스트에서 약자들, 특히 과부·고아·가난한 사람들의 보호는 고대 근동 법 제정의 중추적인 정신이 되었음이 분명히 나타나고 있다. 이스라엘은 앞에서 묘사한 대로 출애굽의 정신에 따라 가난한 사람들에 대한 배려를 율법 집대성의 근본 동기Leitmotif로 삼고 있었다. 이스라엘 사제들은 하느님의 가르침인 율법을 집대성할 때 가난한 사람들에 대한 배려를 언제나 염두에 두었다.[18] 이런 뜻으로 성서의 "율법은 가난한 사람들의 권리"를 중심사상으로 삼고 있다고 말할 수 있다.

가난한 사람들의 권리는 이스라엘의 법정신法精神

"하느님의 구원 간섭으로 자기네 조상들에게 베풀어진 '에집트에서의 해방'에서 자유를 얻은 백성에게 종살이와 사회불의는 도저히 참을 수 없는 '사회악'이었다"고 말한 포르터스의 선언은 실로 당연한 말이다.[19] 이스라엘의 율법집록律法集錄(collection de législations)은 이구동성으로 빈자들에게 관심을 기울이고 있으며, 또 그 집록은 성서에서 모세라는 인물과 출애굽이라는 해방의 체험에 긴밀히 연결되어 있다. 이스라엘은 자신이 에집트에서 빈자·이방인·노예였다는 엄연한 사실을 잊어버리지 말아야 하며, 이것 때문에 이스라엘은 소외되고 약한 빈자들에게 정성과 사랑을 기울여야 하는 의무가 있다. 이같은 해방신학적 동기가 이스라엘

---

[18] S. MOWINCKEL은 이스라엘에서 가난한 사람들에 대한 배려가 왕의 사제직 못지않게 중대한 국왕의 의무라고 강조하고 있다(*He That Cometh*, Oxford 1966, 93).

[19] N. W. PORTEOUS, The Care of the Poor in the O. T., *Living the Mystery*, Oxford 1967, 151.

법정신의 근간이 되었다. 하지만 이스라엘의 율법 집대성이 모두 출애굽과 모세 시대의 산물이라는 말은 아니다. 출애굽 정신은 모세의 탈출 애굽 사건 이후의 상황에도 언제나 새로운 활력을 불어넣었다고 말해야 한다. 따라서 출애굽 정신은 이스라엘의 전_全역사를 꿰뚫는 해방신학적 테마가 아닐 수 없다. 현실의 성서에 전해진 십계명의 두 이본異本(출애 20,2-17과 신명 5,6-22)의 핵심은 모세 시대에까지 소급된다지만,[20] 빈자들에 대한 사회문제를 취급하는 법전들은 모세 이후의 시대상을 반영하고 있다. 우리는 차례로 빈자들의 문제를 다루는 계약의 법전, 신명기 법전, 성법전을 해설하고자 한다. 계약의 법전(출애 20,22 - 23,19)은 가나안 정착의 초기 작품(기원전 12세기경 완성)이며, 신명기 법전(신명 12-26장)은 ― 비록 고대로 소급되는 요소를 가지고 있지만 ― 그 집대성이 완결된 것은 히즈키야 왕(기원전 8세기경) 시대이고, 성법전(레위 17-26장)은 군주 시대 말기의 관습법을 유배 시대에 와서 집대성(기원전 6세기경)한 것인 것 같다. 모세오경 안에서 그외의 법전들이 ― 예: 제사에 관한 법(레위 1-7장), 사제들의 서품을 위한 의식서(8-10장), 정결의 법(11-16장) ― 가난한 사람들에 대해서 때로 특수한 배려를 하고 있지만,[21] 우리가 위에서 열거한 제3 법전보다는 사회문제에 대해서 덜 관심을 기울이고 있다. 위에서 괄호 안에 열거한 법전들은 종교의식면에 더 관심을 가지고 있다고 말해야 한다.

우리는 세 법전을 해설할 때 그 법전들의 가난한 사람들의 권리에 대한 배려와 그 인도주의적 제도에 특별히 유의해야 할 것이다.[22]

---

[20] H. H. ROWLEY, Moses and Decalogue, *BJRL* 34 (1951-2), 81-118.

[21] 레위 5,7에 보면 빈자가 바치는 희생동물은 "산비둘기"나 "집비둘기" 두 마리로 충분했다. 예수의 양친도 빈자층이므로 레위 5,7의 규정을 따른다(루가 2,24).

[22] 이스라엘의 법과 정의의 인도주의적 차원에 관해서 R. de VAUX, *Les institutions de l'A.T.*, t.1, 221-50.

계약의 법전: 출애 20,22 - 23,19

출애굽기 24,7(Sepher haberit)에 나오는 표현에 따라 명명된 "계약의 법전"은 이스라엘 법전 가운데서 가장 오래된 것이다. 이 법전의 연대를 기원전 12세기경이라고 말했지만, 어림잡아 히브리인들의 가나안 침입 시대와 왕정 수립 사이의 과도기에 씌어진 것 같다.[23]

이 법전의 구성요소는 매우 다양하지만 법전의 근간은 어디까지나 이스라엘의 12지파 연맹amphictonie의 사회생활을 규제하는 관습법(mishpâṭm)으로 구성되어 있다. 이 법전이 전제하는 사회상은 "정착사회"이다. 출애굽기 21,6과 22,1.6-7은 가옥이 건축되었음을 전제하고, 21,28-33.35-37은 소떼의 목축을 언급하며, 21,33-34는 저수지에 대해서 말하고, 22,4-5.28과 23,10-12.16.19는 밭일·포도원·올리브나무·추수·농사일을 언급한다. 화폐는 교환의 수단이 되고 있음이 드러나고 있으나 (출애 21,22 32-35; 22,16,24: 화폐경제의 출현), 국가가 수립되었다는 말은 없다. 왕노 성전도 언급되지 않으며, 22,27에서 부족의 영도자는 유목민 부족장(sheik)과 비슷한 "우두머리"(nâsî')로 불린다(nâsî'는 종교적 성격을 띤 판관이다).[24]

계약의 법전은 고대 근동의 법전과 그 내용이 비슷하다. 이스라엘은 가나안 문화와의 접촉에서 고대 근동의 법전을 배우게 되었다.[25]

그러나 계약의 법전은 "정착화의 위기"를 극복하려는 첫 시도이며, 해방신학의 출발점이 되고 있다. 이 법전은 "부익부 빈익빈 현상"을 강

---

[23] H. CAZELLES은 계약의 법전이 형성된 연대를 모세 시대로 잡고 있다(*Etudes sur le Code de l'Alliance*, Paris 1946).

[24] M. NOTH, *Das System der Zwölf Stämme Israels*, 151-61.

[25] S. GEVITRZ, West-Semitic Curses and the Problem of the Origins of Hebrew Law, *VT* XI (1961), 137-58.

력하게 고발하고 고리대금을 금지하며, 담보에 관한 새 규정을 마련하고 경제적으로 약한 자들을 해방해야 한다고 역설하고 있다. 노예들을 석방하며 사회의 지도층에게 사회불의 앞에서 취해야 할 기본적인 태도를 제시한다.

빈자의 해방

① 만일 네가 내 백성의 어떤 사람에게, 즉 너와 같이 있는 가난한 사람에게 돈을 꾸어주게 되거든, 너는 그에게 채권자 행세를 하거나, 그에게 이자를 요구하지 말아라(출애 22,24).

고대 근동사회에서 이자의 비율은 상당히 높았다. 아카드 시대에 채권자의 이자 요구는 3단계로 나누어 볼 수 있다.[26]

에슈눈나Eshnunna 법전이 제정되기 전에는 채권자가 마음대로 이자를 거둬들였고, 만일 채무자가 응하지 못할 때에는 어떠한 권리라도 행사할 수 있었다. 에슈눈나 법전이 생긴 뒤부터 함무라비 법전이 생기기까지 채권자의 권리는 차츰차츰 제한을 받게 되었다. 이율이 제한되고 채권자의 자의적인 권리행사도 제한을 받게 되었다. 마지막으로 함무라비 법이 생기고 난 뒤부터는 이율이 원금의 20%로 제한되고, 보리를 빚졌을 경우에 빌린 곡식의 33.3%로 제약받는다. 채권자는 이자나 빚을 못 갚은 채무자와 그의 가족·노예 등을 노비로 취할 수 있었다. 하지만 함무라비 법전에서는 채권자가 채무자에게 인도적으로 대할 것을 규정

---

[26] E. SZLECHTER, Le prêt dans l'A.T. et dans les Codes mésopotamiens d'avant Hammourabi, *RHPR* XXXV (1955), 16-25.

하고 있다. 그리고 채권자가 채무자와 채무자의 가족을 학대하여 죽였을 경우 책임을 져야 했다.

이스라엘에서도 부채는 노예를 만드는 방편이 되었다. 빚을 갚을 길이 없는 채무자는 자신을 노예로 팔 수밖에 없었다. 고리대부高利貸付는 기하급수적인 이자 때문에 실제로 빚을 갚을 수 없게 만든다. 이스라엘의 법전은 고리대부를 단호히 금지한다. 이 금령은 가나안의 사유재산 제도에 대해 유목민으로서 저항을 느꼈기 때문일 것이다. 이스라엘 사람은 출애굽의 체험 때문에 모두 서로를 형제로 간주하게 되었다. 따라서 형제가 다른 형제의 희생물이 되거나 소유욕의 노예가 될 수 없었다. 이스라엘은 선민이자 모두가 하느님의 법 앞에 평등하고 형제의 관계를 맺고 있다. 대부·담보·이자 등은 빈곤화와 노예제도 출현의 주된 원인이 되므로 철저히 규제받고 차라리 금지되는 것이 바람직하다. 당시의 소규모 경제체제에서 어떤 사람이 돈 꾸기를 원하는 것은 상업이나 기업자금으로 대부를 원하는 것이 아니다. 계약의 법전에서 돈을 꾸러 오는 이는 "가난한 사람"(*'ani*)이다. 동同 법전은 이 빈자를 상대로 채권자 노릇하기를 금한다. 히브리인들 사이에 이자를 받는 것은 하느님과 맺은 계약에 위배된다. 이자를 받고 돈을 빌려주는 것은 채무자를 노예로 전락시키기 때문이다. 반대로 "무이자 대부"는 형제적 유대와 백성의 일치를 위해 추천할 만한 일이다. "고리대부를 받는 자는 채권자의 노예이다"(잠언 22.7)라고 잠언은 경고하였다. 이스라엘은 이런 노예화를 인정할 수 없었다. 그럼에도 불구하고 고리대부는 특히 왕정 시대에 와서 성행했다. 예언자들은 이 사실을 준엄하게 고발하였다(아모 2,8; 예레 15,10; 35,9-16; 에제 18,8.13.17; 22,12 등). 계약의 법전은 이런 의미로 이스라엘 안에 침투하기 시작한 가나안의 황금만능주의와 돈놀이에 대한 첫 고발이다. 반대로 메소포타미아의 법전들에서 고리대부하는 것이 죄악시된 적은 없다.[27] 그러나 이스라엘에서는 형제를 착취하는 죄악으로 간주된 것이다. 가난한 이들에게 관대하게 무이자로 빌려주어야 하며, 채권자 행세를 하기보다는 차라리 빌려준 원금을 포기하는 편이 더 추천할 만한 일이다. 계약의 법전은 못 갚은 빚에 대해서 아무런 제재를 가하지 않는 데 비해, 함무라비 법전·에슈눈나 법전과 로마법은 빚을 못 갚는 채무자를 감옥에 가둘 수 있다고 규정하였다.

> ② 만일 네가 이웃에게서 겉옷을 담보로 잡거든 해가 지기 전에 반드시 그에게 돌려주어야 한다. 그것은 그에게 유일한 덮을 것이며, 그것은 또 그의 피부를 가릴 겉옷이기 때문이다. 무엇을 덮고 그가 자겠느냐? 그리고 그가 나에게 호소하면 자애로운 나는 (그의 호소를) 들어주지 않을 수 없다
> (출애 22,25-26).

채권자는 채무자의 의무 포기에서 자신의 권리를 옹호하기 위해서 담보를 요구하였다.[28] 물질적인 담보가 자기에게 없을 경우에 채무자는 채권자의 노예가 되거나, 아니면 제3자에게 몸을 팔아 빚을 갚았다. 계약의 법전은 채권자의 담보 요구를 완전히 금한 것이 아니라 지나친 요구를 제한하여 좀더 인도주의에 입각한 제도로 개선시켰다. 외투(*simlah*)는 인격을 대표하는 상징물이었다. 채무자는 채권자에게 외투를 담보로 잡힐 때 빚을 갚지 못하면 자기 몸을 팔겠다는 뜻으로 그렇게 하였다. 빚을 얻는 그날에 겉옷을 채권자에게 맡겨야 했다. 계약의 법전은 대부할 때 계약의 상징인 망토를 그것이 가난한 사람의 것인 경우에는 즉시 돌려

---

[27] C. Van LEEUWEN, *op. cit.*, 51.
[28] 담보에 관한 규정, R. de VAUX, *op. cit.*, t.1, 262.

줄 것을 규정하고 있다.

그 이유는 두 가지이다. 첫째로는 인정 때문이다. 가난한 사람에게 추위를 막기 위한 겉옷이 한 벌밖에 없다는 이유이다. 둘째로는 하느님이 빈자에게 가지는 따뜻한 정 때문이다. 한 벌의 겉옷밖에 없는 가난한 사람이 겉옷을 담보로 맡긴 후 하느님께 부르짖으면 꼭 들어주신다. 그분은 자애로우시기 때문에 가난한 사람의 편에 선다는 것이다. 하느님의 자비는 추상적인 원칙이 아니다. 자비로운 하느님은 압박받는 자의 호소를 들어주고 그에게 겉옷을 돌려줄 것이다. 이스라엘은 출애굽의 체험으로 하느님이 구체적으로 압박받는 자를 구원하신다는 것을 알게 되었다. 이스라엘의 빈자는 인간적으로 불쌍한 자가 아니다. 하느님 자비의 "특권층"은 빈자들이기 때문이다. 담보를 돌려주라는 이 규정은 생존권을 위협당하는 빈자의 정당한 권리를 의미한다. 겉옷은 그것이 빈자의 것일 때에는 하룻밤도 담보로 잡을 수 없다는 것이다.

경제적 약자의 해방

① 너는 이민자를 괴롭히거나 학대하지 말아라. 너희도 에집트 땅에서 이민자들이었기 때문이다(출애 22,20).

이민자는 나라 안에 이민와서 사는 자유인으로서 시민권의 일부를 누리는 자들이다(아직 정식으로 시민권을 얻지 못한 오늘의 북미 이민자와 비슷하다). 이민자는 사유재산권이 없고 그를 보호해 주는 법적 후견인도 없었다. 그는 노동하여 생계를 유지했다. 그는 자기 부족을 떠나 있었으므로 혈연관계가 없는 거류지의 부족은 예의 이민자에게 아무런 보호의 의무가 없었다. 보통으로 이민자는 경제적으로 빈자층에 속하였다. 그의 신세는 과부와 고아의 것과 진배없었다(신명 10,18; 시편 146,9; 말라 3,5). 계약의 법전은 이민자를 괴롭히거나 학대하는 것을 금한다. "괴롭히다"(yânâh)라는 동사는 강자가 약자를 경제적으로 착취한다는 뜻을 가지고 있다. 경제적으로 약자의 범주에 속하는 인물들은 고아·과부·이민자·빈자·극빈자·노예, 한마디로 민중이다. 정착문화와 도시문화의 특권층은 이들을 자주 "괴롭혔다"(yânâh)는, 즉 경제적으로 착취했다는 사실을 성서는 도처에서 증언하고 있다(에제 18,12; 22,7.29; 46,18; 예레 22,3; 신명 23,17). "학대하다"라고 번역한 동사(lâḥas)의 자의字義는 "압박하다"(2열왕 6,32) 혹은 "꽉 죄다"(민수 22,25)의 뜻이 있다. 이 동사는 흔히 "짓밟다"라는 동사와 함께 쓰인다(시편 56,2). 이 구절에서 동사 "학대하다"는 파라오의 압박을 받던 이스라엘의 상황을 상기시키고 있다(출애 3,9; 신명 26,7; 판관 6,9; 1사무 10,18).

이민자 보호의 동기는 이스라엘의 역사적 체험에 있다. 이스라엘은 과거에 에집트에서 당한 "고난"과 "학대"를 거울삼아 자기 나라 안에 살고 있는 이민자에게 괴로움을 주지 말아야 한다. "자기가 원하지 않는 것을 남에게도 하지 말라"는 것뿐 아니라, 계약의 법전은 한걸음 더 나아가 이민자에게 호의를 베풀 것을 독려한다. 이스라엘은 경제적으로 약한 자들에게 적극적인 도움을 베풀고 그들을 빈곤에서 해방시킴으로써 구세사를 재현하게 되기 때문이다. 경제적인 약자에게 도움을 베푸는 것은 에집트에서의 해방을 현실화actualisation하는 것이다. 출애굽기 23,9는 출애굽기 22,22의 금령을 한번 더 해방사histoire de la libération와 연결시켜 강조한다.

너희는 이민자들을 학대하지 말아라. 너희도 이민자의 생활이 무엇인지 알고 있지 않느냐. 너희도 에집트 땅에서 이민자들이었기 때문이로다.

따라서 이민자들에 대한 보호는 이스라엘의 독특한 법정신에서 연유한다. 즉, 그것은 해방신학적인 기초(출애굽) 위에 세워진 법령이다. 반대로 함무라비 법전은 자국인과 외국인의 차별을 두지 않고 모두에게 동일한 의무와 권리를 규정했다. 흔히 바빌론에서 외국인이 부자가 되어 자국인을 착취하는 경우가 자주 있었다. 왕은 외국인에게 자국인보다 더 큰 혜택을 베푸는 일이 없도록 법령 제정 등 세심한 주의를 기울인다.[29]

물론 이스라엘 안에서도 이민자와 자국인의 엄격한 구별이 있었다. 이스라엘은 선민이기 때문이다. 그러나 흔히 이민자들은 경제적인 약자이기 때문에, 계약의 법전은 인도적인 차원에서 이들에 대해 특별한 배려를 하고 있다.

② 너희는 그 어떤 과부와 고아도 학대하지 말아라. 만일 네가 그를 학대하여, 그가 내게 부르짖으면 즉시 나는 그의 부르짖음을 들어주리라. 그리고 나는 분노에 타올라 너희를 칼로 쳐 죽이리라 또한 너희 아내는 과부들이 되고 너희 아들은 고아들이 되리라(출애 22,21-23).

계약의 법전은 쉽게 착취의 희생이 될 수 있는 과부와 고아들을 학대하지 말라고 대단히 엄격한 법령을 반포한다. 동사 "학대하다"*te 'annûn*는 출애굽기 1,11-12에서 에집트에서의 강제노동을 암시하고 있다. 다른 곳에서는 그 동사가 강간을 의미하기도 한다(창세 34,2; 판관 19,24; 20,5; 2사무 13,32). 과부들이 강간당하고 고아들이 강제노동의 희생물이 되었다는 사실을 말하고 있다.

---

[29] 바빌론 법전과 이스라엘 법전의 차이점에 대하여 M. DAVID, The Codex Hammurabi and Its Relation to the Provisions of Law in EXODUS, *Oudtestamentische Studiën* VII (1950), 149-78.

이 법령의 동기는 하느님께서 약자들의 외침을 꼭 들어주신다는 것이다. 뿐만 아니라 야훼는 그들의 원한을 반드시 복수해 주신다. 그들에게 지상 보호자가 없을 경우 하느님이 친히 보호자로 나선다. 이스라엘의 하느님은 과부와 고아들의 권리를 복구시킬 뿐 아니라 "탈리온 법"(출애 21,25)을 능가하여 복수하신다. 과부와 고아의 압박자는 사형에 처해지고, 그의 아내와 아들은 과부와 고아가 된다.

에집트 · 메소포타미아 · 가나안과 이스라엘에서 모두 동일하게 신은 과부와 고아의 보호자로 나서고 있다. 어떤 의미로 함무라비 법전과 아시리아의 법전들은 계약의 법전보다도 더 자상하게 과부와 고아들을 돌보고 있다고 말할 수 있다. 그러나 고대 근동의 여러 법전들 중에서 이스라엘의 "계약의 법전"만큼 하느님이 약자와 빈자들과 밀접한 관계를 맺고 있다는 사실이 부각되고 강조된 적은 없다. 야훼는 경제적인 약자의 해방자이시며 빈자들의 원성에 복수를 지체없이 실행하기 때문이다. 약자와 빈자에 대한 학대는 곧 야훼를 학대하는 것이다. 이스라엘은 이 확신을 출애굽의 체험에서 얻었다. 바로 이 점이 고대 근동의 법전을 능가하는 독창성을 "계약의 법전"에 부여한다.

③ 너는 6년 동안은 네 밭에 씨를 뿌려 그 소출을 거두어들이고 7년째 되는 (해에는) (소출)을 낫으로 베어 그 자리에 그대로 두어라. 그리하면 네 백성의 극빈자들이 그것을 먹고, 또 남은 것이 있으면 들짐승이 먹으리라. 너의 포도원도 올리브나무도 그렇게 하여라.

　　너희는 엿새 동안 일을 하고, 이레째 되는 날에는 쉬어라. 그래야 너의 소와 나귀도 쉴 수가 있고 네 계집종의 아들과 이민자도 숨을 돌릴 것이 아니냐(출애 23,10-12).

7년째 되는 해의 휴한休閑은 땅의 풍요다산을 위한 금기도 아니요 정착지 없이 떠돌아다니기를 좋아하는 유목민적 현상에서 유래한 것도 아니다. 휴한의 법령은 해방신학적 동기에서 생긴 법이다. 7년째의 소출은 극빈자('ébyôn)의 차지이다. 극빈자는 왕정 시대에 나타나기 시작한 "거지들"을 지적한다.[30] 농토도 과일나무도 없는 극빈자들은 국가적인 차원에서 보호받아야 한다. "네 백성의 극빈자들"이란 표현이 이 사실을 강조한다. 이 법령이 실제상으로 실천에 옮겨지지는 않았지만, 빈곤화의 현상을 막고 사회적 불평등을 억제하려는 원칙으로서의 첫 시도라고 보겠다.

주기적 휴식은 노예와 이민자에게 반드시 주어져야 한다. 이들이 숨을 돌리기 위해서이다. 끊임없이 일한다는 것은 비인간적이다. 노예와 이민자들이 경제적으로 착취당하는 것은 그들에게서 "정당한 휴식"을 앗아갈 때 발생한다(현대의 대기업가들처럼 기업의 수익성만 노린다면 안식일은 고사하고 야간작업까지 강요하기 때문이다). 들짐승은 안식년의 휴한의 혜택을 받으며 또한 가축도 안식일에 인간과 마찬가지로 일에서 쉬어야 한다. 일곱째 날의 휴식은 선심을 베푸는 것이 아니라 리듬에 매여 있는 "신적 질서"(창조의 휴식)의 회복restitutio in integium이기 때문이다. 그리고 안식년의 휴한은 땅의 주인이신 야훼께서 당신의 권리를 행사하시는 해다. 소작인인 이스라엘 농부는 일곱째 해에 야훼께 농토의 소유권을 돌려줌으로써 그해의 소출은 빈자와 들짐승이 차지하게 된다. 이스라엘의 지주는 "땅은 내게 속하고 너희(이스라엘인들)는 내게 이방인들이요 손님들"(레위 25,23)이란 사실을 언제나 잊지 말아야 한다.

---

[30] 'ébyôn에 관해서 P. HUMBERT, Le mot biblique «'ébyôn», *RHPR* XXXLI (1952), 1-6.

노예해방

　가나안 정착이 상당히 진전되었을 때, 적지 않은 이스라엘인들이 엄청난 부채 때문에 채권자의 노예가 되던 일이 자주 있었다. 부채 때문에 자기의 몸을 종살이에 넘기는 일이 비록 이스라엘 안에서 허용되었지만, 채무자의 가족 전체가 결정적으로 노예화되는 것은 허락되지 않았다. 7년째 되는 해에 모든 히브리 노예들은 자유의 몸이 될 권리가 있었다.

> ① 네가 히브리 사람을 종으로 사들였을 경우에는 6년 동안만 그가 종살이를 하고 7년째가 되면 그가 몸값 없이 자유를 얻어 나가게 해라. 그가 홀몸으로 들어왔으면 홀몸으로 나가고, 만일 그가 한 여인의 남편이었다면 그의 아내도 그와 같이 나가게 하여라. 만일 그의 주인이 한 여인을 그에게 주었다면, 그리고 그녀가 그 (노예)에게 아들이나 딸들을 낳아 주었다면 아내와 그 자식들은 그의 주인에게 속하고, 그는 홀로 나가야 한다(출애 21,2-4).

흔히 이 구절은 함무라비 법전 117조와 비교된다.

> 만일 어떤 사람이 빚을 지게 되어 자기 아내나 아들 혹은 딸을 팔았을 경우, 혹은 만일 그가 그들을 담보로 잡았을 경우에, 3년 동안 그들이 자기네를 사들인 사람의 집에서 아니면 그들을 예속시킨 자의 집에서 일해야 한다. 4년째가 되면 그들의 석방이 실행되어야 한다(동 법전 117).[31]

---

[31] A. FINET, *op. cit.*, 78에서 번역했다.

그러나 동同 법전은 계약의 법전과 언뜻 보기에 비슷하지만 실상은 적지 않은 차이점을 드러내고 있다. 함무라비 법전은 시민들의 신분을 뚜렷이 세 가지 사회계급으로 구분하고 있다. 그 첫째 계급으로서 "아위룸" awilum(117조의 "어떤 사람")은 자유인이며 바빌론 사회의 "최상계급"(양반계급?)에 속하는 인물들이다. 그들은 노예와 상당한 재산을 가진 자이다. 아위룸은 자손들에게 노예와 재산을 유산으로 물려줄 권리가 있다. 둘째 계급은 "무쉬케눔"mushkenum이라 불리는데, 우리의 중산계급에 해당하며 노예와 양반계급 사이의 계층에 속하는 사람들이다. 그들의 사회적 신분은 아직 정확히 밝혀지지 않고 있지만, 한 가지 확실한 것은 "무쉬케눔"은 자기 재산을 자손에게 유산으로 물려줄 권리가 없었다. 마지막 계급은 "와르둠"wardum이라 했는데, 이들은 노예로서 사회의 가장 하층계급에 속했다. "와르둠"은 아무런 권리도 없었으며 주인의 사유재산으로 간주되었다.[32]

함무라비 법전에서 노예들(wardum)은 절대로 자유의 몸이 될 수 없다. 동同 법전이 보호하는 계급은 최상계급(awilum)이며, 따라서 "아위룸"(양반)들이 노예로 전락되는 것을 방지하고 있다.

반대로 노예들은 노예 신분에서 해방될 희망이 거의 없었다. 노예 신분을 벗어나려고 도주하던 노예들은 법의 엄격한 처단을 받았다. 노예가 도주하는 것을 도와 주는 자는 사형을 면치 못했고(동 법전 15. 16조), 도주한 노예를 그 주인에게 체포해 오는 자는 상금을 받았다(동 법전 17조). 또한 어떤 노예가 제 주인에게 "너는 내 주인이 아니다"라고 주장한다면, 그 주인이 노예의 주장이 거짓이란 것을 증명할 수만 있다면 주인은 노

---

[32] Wardum은 주로 "남종"을 지적한다: W. RÖLLIG, art. Gesellschaft, *Reallexikon der Assyrologie*, Berlin 1966, 235.

예의 두 귀를 자를 수 있는 권리가 있다(동 법전 282).

함무라비 법전이 사회계급의 차별을 뚜렷이 두고 있음에 반해, 계약의 법전은 어느 사회계급의 노예화뿐 아니라 도대체가 노예들로 구성된 프롤레타리아의 출현을 원칙적으로 거부한다. 이스라엘은 어디까지나 형제들로 구성된 백성이다. 이스라엘인은 그 형제가 비록 잠정적으로 부채 때문에 노예의 신분으로 전락되었을지라도, 제 형제를 마음대로 착취할 수 없다. 이스라엘인들은 모두가 형제라는 범주에 속하며, 그들이 과거에 에집트에서 모두가 노예들이었다는 사실을 언제나 기억해야 한다. 그래서 이스라엘인은 안식년이 오면 노예살이에서 풀려날 권리가 있게 된다.

만일 어떤 히브리 노예가 사랑하는 아내나 자식이나 주인 때문에 노예 신분으로 남아 있기를 원하면, 그 일이 가능하다. 그때 노예는 주인의 가족 공동체의 일원이 되기 위한 "종교의식"을 거쳐야 한다.

> 그러나 만일 그 종이 "나는 내 주인과 처자식들을 사랑하므로 자유로운 몸이 되어 나가고 싶지 않다"고 분명히 말한다면, 주인은 그를 "엘로힘" 앞으로 데리고 가서 그의 귓바퀴를 문짝이나 문설주에 대고 송곳으로 뚫어라. 그러면 그는 영원히 (주인의) 종이 되리라(출애 21,5-6).

귓바퀴를 송곳으로 뚫는 것은 자유의 결정적인 상실을 상징한다.[33] 이 의식은 원초적으로 가신家神 앞에서 이행되었으나, 가나안 정착 이후에는 성전의 문에서 행해졌다. 이스라엘의 하느님(엘로힘)께서 자유의 상실을

---

[33] M. NOTH, *Exodus*, 144.

뜻하는 이 의식을 인준해야 하기 때문이다.[34] 의식의 종교사적 배경이 아직도 잘 알려지지 않고 있지만, 아마도 그 배후 사상은 하느님께서 이스라엘인들을 에집트의 노예 신분에서 해방시켰다면, 그분의 동의없이 어느 이스라엘 사람을 결정적인 노예 신분으로 전락시킬 수 없다는 것이리라.[35]

② 노예로 팔려간 딸에 대한 법령(출애 21,7-11).

빚진 아버지가 그 딸을 노예로 팔았을 경우 남자와는 다른 조건하에 취급되었다. 만일 그 딸이 자기를 사들인 주인과 결혼했다면 그 주인의 부인 — 정실正室은 아니었다 — 으로 인정받아야 한다. 만일 그 주인과 결혼하지 못했다면 그 주인의 아들이 그녀를 부인으로 맞아들일 수도 있다. 만일 그 딸이 주인의 마음에 들지 않을 경우나, 또 주인이 그 딸을 해방시키기를 원하지 않을 경우라도 주인은 그 여자를 이스라엘 사람이 아닌 외국인에게는 노예로 팔아넘길 권리가 없다. 여인은 비록 노예일지라도 이스라엘 민족에 속한다는 이유에서다.

만일 주인이 사들인 여종 대신으로 다른 여인을 아내로 맞아들이면 주인은 그 여종에게 부부의 권리와 의식주를 보장해야 한다. 만일 주인이 사들인 그 여종에게 상기上記한 의무를 다하지 못할 때, 여종은 아무런 조건없이 자유의 몸이 되어 친가로 돌아간다(출애 21,11). 노예로 팔려간 여인, 아니면 주인의 첩으로 팔려간 여인을 보호하는 이 법령은 가나안

---

[34] F. C. FENSHAM, New Light on Exodus XXI, 6 and XXII, 7 from the Laws of Eshnunna, *JBL* LXXVIII (1959), 160-1.

[35] Z. W. FALK, Exodus XXI, 6, *VT* IX (1959), 86-8.

정착 초기에 여성의 사회적 지위가 극히 불리했음을 증언하고 있다.[36] 이 법령이 여성에게 보장하는 유일한 권리는 히브리 여인이 비록 노예의 신분으로 전락되었을지라도 비이스라엘인에게 노예로 다시 팔려서는 안된다는 것뿐이다.

③ 어떤 사람을 유괴한 자는 그(유괴당한 사람)를 팔아버렸든, 제 손에 잡아두었든간에 반드시 사형에 처하여야 한다(출애 21,16).

남을 유괴하여 노예로 팔았을 경우, 유괴범은 사형을 받게 된다. 자유는 생명 못지않게 중대하다.[37] 제 형제의 자유를 박탈하는 것은 제 형제를 죽이는 것과 동일한 범죄다. 사막의 자유사상이 남긴 인권의 존엄성이 이 법령에 강조되어 있다. 제 부족에 속하는 형제의 자유를 빼앗는 것은 인간의 존엄성을 말살하는 행위이기 때문이다. 자유에 대한 정열적인 사랑이 이스라엘의 법정신에 강조된 것은 야훼께서 이스라엘을 에집트의 노예 신분에서 해방시켰기 때문이다. 자유는 하느님이 주신 "생명"과도 같이 가장 값진 선물이다. 인간은 자신의 소유욕을 채우기 위해서 이웃의 자유를 억압해서는 안된다. 그 모습은 달라졌지만 근로자들을 자본의 노예로 삼아 그들의 정당한 권리와 노동력을 착취하는 것과, 사람을 유괴하여 노예로 팔아먹는 것은 대차(大差)없다.

바빌론 법전도 로마 법전도 유괴범에게 사형을 언도한 일은 없다. 노

---

[36] 당시 사회의 여성의 위치에 관해서 P. REMY, La condition de la femme dans les Codes du Proche-Orient ancien et les Codes d'Israël II, *ScEcl* XVI (1964), 293.

[37] É. DHORME, La Religion des Hébreux nomades, *L'évolution religieuse d'Israël*, t.1, Bruxelles (1937), 61-2.

예들을 유괴하여 팔아먹었을 경우 벌금으로 만족했다. 함무라비 법전 제14조에 보면 어떤 "양반"(awilum)이 다른 양반의 아들을 유괴했을 경우 유괴범은 사형에 처해졌다. 반대로 계약의 법전에 의하면 사회계급의 고하를 막론하고 모든 유괴범은 사형에 처해진다. 그리고 계약의 법전이 내세우는 법정신은 아주 다르다. 함무라비 법전에서 자식은 아버지의 소유물로 간주된다. 어린이 유괴는 동同 법전에서 그 아버지의 소유권을 침해하는 것으로 여겨진다. 계약의 법전은 인간이라면 어린이건 어른이건 상관없이 전적인 자유를 누린다는 것을 강조한다. 이스라엘 안에서 인간은 자유롭다. 생명 못지않게 중대한 인간의 자유를 그 누구도 탈취할 수 없다. 함무라비 법전에서 어린이 유괴는 노예 유괴와 동등하게 취급된다(벌금형). 계약의 법전에서 한 인간의 자유를 빼앗고 그를 유괴하여 노예로 파는 범행은 이스라엘 국가 전체의 자유를 손상하는 것으로 보여졌다.[38]

④ 어떤 사람이 자기 남종이나 여종을 막대기로 쳤을 때, 그가 혹은 그녀가 그(사람)의 손에 죽는다면, 사람들은 반드시 복수하리라(출애 21.20).

함무라비 법전이나 에슈눈나 법전에서 노예들은 그 주인의 경제적인 가치로만 취급되고 있다. 노예가 피살됨은 그 주인에게 경제적인 손해를 끼치게 되는 것이며, 그 주인에게 경제적 보상을 해줌으로써 문제가 해결되었다. 노예는 그 주인의 물건이므로 돈으로 배상만 받으면 된다는 것이다.

---

[38] C. RÉMY, Le vol et le droit de propriété au Proche-Orient et en Israël, *MSR* XIX (1962), 15.

이스라엘은 전혀 다르다. 주인이 쳐서 죽게 된 노예의 피는 복수를 부르짖는다. 정상적으로 노예가 흘린 피는 그 가족이 원수갚을 권리가 있다. 사막의 "피의 복수"가 계약의 법전에 들어와 그 법정신을 이룬다. 자유인이건 노예건 불문에 붙이고 모든 인간에 대한 의도적인 살인행위에는 사형이 그 징벌이다. 생명은 돈으로 바꿀 수 없다는 원칙 때문이다. 함무라비 법전은 살해된 자의 사회적 신분에 따라 그 처벌의 형량이 정확히 규정되어 있다. 계약의 법전은 사회적 신분을 전혀 고려하지 않는다.

누구든지 사람을 쳐서 죽이면 그자는 죽어야 한다(출애 21.12).

살인의 대가는 예외 없이 사형이다. 야훼께서 희생자의 생명을 요구하기 때문이다. 따라서 살해된 노예의 가족은 "피의 복수자"로서 징벌자이다.

만일 노예가 제 주인의 태형磔刑에도 불구하고 하루나 이틀만 더 살아 있어도 (주인은) 복수를 면한다. (종은) 그 주인이 돈으로 사들인 재산이기 때문이다(출애 21.21).

노예가 하루나 이틀만이라도 더 살아 있으면 노예의 가족은 "피의 복수"를 서둘지 않는다. 태형은 교육적인 목적도 있었고(잠언 13.24; 23.14), 일하기를 게을리하는 노예들을 독촉하는 데 쓰였다. 태형이 있은 후 2~3일 후에 노예가 죽으면 주인은 살인의 의도가 없었다는 이유로 벌을 면했다. 그러므로 종을 쳐서 그 자리에서 숨지게 했을 경우에 그 살인의 의도가 있었다고 간주된다. 그외의 경우에 주인이 종을 쳐서 병신을 만들면 자신의 재산을 축내는 것이니까 더이상의 처벌이 필요없다고 여겼다. 여하튼 출애굽기 21,21은 의도적인 살인과 비의도적인 살인을 구분하고 있다. 출애굽기 21,12-14도 계획적인 살인과 과실치사를 엄격히 구별하고 있다.

> 만일 어떤 사람이 제 남종의 눈이나 제 여종의 눈을 때려 멀게 했으면 그 눈 대신에 종에게 자유를 주어 내보내야 한다. 그리고 만일 그가 제 남종의 이빨이나 제 여종의 이빨을 때려 부러뜨렸으면 그 이 대신에 종에게 자유를 주어 내보내야 한다(출애 21,26-27).

노예의 경우에 "탈리온 법"(출애 21,24-25)은 예외를 두고 있다. 노예는 그 이빨이나 눈만 복수하는 것으로 만족치 않는다. 상해(傷害)는 생명보다 귀한 자유를 노예에게 얻게 해준다. 이 경우 탈리온 법이 인간의 자유와 존엄성을 보장하는 "해방의 법"으로 발전한 것이다(비록 그 법이 자유인보다 노예를 격하하는 일이 있더라도 그렇다).

반대로 함무라비 법전은 자유인(귀족, awilum)의 경우에 "이는 이로 눈은 눈으로"의 엄격한 탈리온 법을 적용시키지만 중인(中人, mushkenum)이나 노예(wardum)가 상해를 입었을 경우 그 주인에게 금전적인 보상을 해줌으로써 만족한다. 그리고 사회계급의 고하에 따라 보상의 금액도 자세히 규정되어 있다(동 법전 196-223과 229-231조 참조). 반대로 노예는 주인의 소유물로서 소·말·당나귀 그외의 재산 품목에 속한다(제7항 참조). 에슈눈나 법전도 마찬가지이다(동 법전 제40조 참조).[39]

이스라엘에서 노예의 신체에 상해를 가했을 경우 노예는 그 귀한 자유를 얻는다!

---

[39] 에슈눈나(Eshnunna) 법전에 관해서 The Laws of Eshnunna, *ANET* 161.

⑤ 만일 황소가 남종이나 여종을 뿔로 받았으면 그 종의 주인에게 은 30세겔을 물어주고 황소는 돌로 쳐죽여야 한다(출애 21,32).

살인한 황소를 돌로 쳐죽이는 이유는 그 고기가 부정하게 되어 쓸 수 없기 때문이다. 만일 소가 자유인을 들이받아 죽였으면 소만 죽일 뿐, 인간의 생명을 요구하지는 못한다. 살인한 소의 주인은 목숨값으로 요구하는 보상금을 지불해야 한다(출애 21,30). 소에 의해 죽은 노예의 보상금은 30세겔로 규정되어 있다. 노예는 주인의 사유재산이므로 보상금을 그에게 지불함으로써 문제가 해결되었다. 계약의 법전도 노예를 주인의 사유재산으로 취급하고 있으므로, 이 점에서는 바빌론 법전과 유사하다. 함무라비 법전에서 귀족이 소에 의해 죽었을 경우 보상금으로 "은 반 민*mine*(= 100드라크마)"을 요구했고(제251조), 노예의 경우에는 "1/3민"(252조)을 요구했다. 에슈눈나 법전에서 귀족의 경우는 "은 2/3민" 혹은 40세겔을 요구했고, 노예의 경우에는 15세겔을 요구했다(동 법전 54-55조). 계약의 법전은 자유인의 경우에 다양한 보상금을 요구하고 있다. 반대로 노예의 보상금은 언제나 일정하다.

민수기 35,31-32는 "피의 복수"라는 원칙에 충실하겠다는 이유로 모든 종류의 타협을 금하고 있다. 반대로 계약의 법전은 피의 복수를 경우에 따라 제약하고 있다. 즉, 과실치사(출애 21,13.20), 밤에 침투한 도둑을 죽였을 경우(22,1), 주인의 과실로 소가 사람을 죽였을 경우이다. 마지막의 경우 희생자가 자유인이면 소 주인과의 타협이 "피의 복수"를 대치한다(21,30). 반대로 희생자가 노예일 경우 법적인 규정에 따라 일정한 보상금을 지불해야 한다(21,32). 자유인의 경우에는 보상금은 죽은 자의 가족에게 지불되었고 노예의 경우엔 그 주인에게 지불되었다.

전체적으로 보아 노예의 신세는 바빌론보다 이스라엘의 것이 훨씬 우월했다. 그것은 이스라엘의 소규모 경제체제 덕분이었다. 바빌론의 농사와 경제 규모는 대단했기에 많은 노예들을 필요로 했고, 이들을 상품으로 취급한 것은 경제 수요에 드는 막대한 노동력을 확보하기 위해서였다. 이스라엘의 농사와 소규모 경제는 자유인들이 충분히 스스로 부담할 수 있었기 때문이다. 이스라엘의 노예 숫자는 소수였으며, 사람들은 이들을 가족의 일원으로 후히 대접했다.[40] 히브리어 어휘가 도대체 노예 신분을 강조하지 않는다. 노예의 주인은 가장의 의미를 가진 "아돈"*adon*(바깥어른)이라 불려지며 소유주의 뜻을 가진 "바알"*b'aal*(un maitre-posseseur)이라 불리는 일이 없다. "주-종"의 관계는 이스라엘에서는 흔히 "소유주-(상품인) 노예"의 관계가 아니라, 주인의 재산을 얻고 그의 보호를 받는 종의 관계이다. 주-종의 관계는 "부자주의"父子主義(paternalisme)의 특성을 지니고 있다고 말해도 된다. 어떤 경우에도 주인-노예의 관계가 이스라엘의 기본관계인 형제적 "우애관계"(fraternité)를 대치해서는 안된다. 모든 히브리인들은 ― 비록 빚 때문에 일시적으로 노예의 신분에 처해 있을지라도 ― 모두가 서로 "이웃들"(*re'îm* = 동무들)인 것이다.[41]

지도자들에게 요구한 처신

출애굽기 23,1-9는 재판에 있어서 이스라엘 지도자들이 공정할 것을 요구하고 있다. 이 법규들은 소송사건을 처리하고 토론하던 이스라엘의 지도자들이 지켜야 한다.[42] 이들은 주로 장로·가장·유지들로서 성문

---

[40] 이스라엘 노예의 사회적 위치에 관해서 I. MENDELSSOHN, art. Slavery in the O.T., *The Interpreter's Dictionary of the Bible*, New York, 1962, vol.4, 383-91.

[41] H. CAZELLES, *op. cit.*, 135.   [42] M. NOTH, *Exodus*, 152.

앞 재판정에서 공동체의 문제를 해결하던 지도층의 인물들이었으며 행정 및 사법권을 행사했다. 출애굽기 23,1-9의 법정신은 부자나 강자에게 편향적인 재판을 하여 약자와 빈자들의 권리가 침해되는 것을 막는 데 있다(출애 23,6). 거짓 선언의 금지, 폭력을 몰고오는 거짓 증언의 금지, 다수를 따라 불의에 가담하지 말라는 충고, 빈자일지라도 법앞에는 동등하다는 원칙(23,3), 허위고발의 금지, 무죄한 자에 대한 단죄 금지, 뇌물수수의 금지 등이 차례대로 열거되어 있다. 이 법은 부정부패와 윤리적인 압력을 제거하도록 노력하고 있으며, 특히 사직당국의 부패를 경계하고 있다(23,7). 계약의 법전은 가난한 사람들의 권리가 박탈당하거나 소외됨을 막으려는 첫 시도이며, 그들을 빈곤에서 해방시켜야 한다는 하느님의 외침이다.

결 론

계약의 법전에 나타나는 사회적 법령들의 중대성은 하느님과 당신 백성 사이에 맺은 계약의 테두리에서 이해되어야 한다. 백성이 이 법전의 세칙을 준수할 때 하느님과 맺은 계약에 충실성을 보이게 된다. 만일 백성이 이를 준수하지 않으면 계약은 깨어지는 것이다. 이 법전의 "삶의 자리"는 세겜의 계약(여호 24장)에서 찾아볼 수 있다.[43] 이스라엘의 두 부족이 세겜 성전에 모여 하느님과 계약을 맺는다. 출애굽기 20-23장은 계약 체결 때 낭독되던 종교의식서의 일부일 것 같다. 예의 의식을 통해 하느님은 이스라엘에게 당신의 약속을 갱신하고, 이스라엘은 하느님이

---

[43] 계약 체결의 "삶의 자리"에 관해서 J. L'Hour, L'Alliance de Sichem, *RB* LXIX (1962), 5-36, 161-84, 350-8.

내리시는 축복의 혜택을 받기 위해서 계약의 법령들을 준수해야 한다. 이리하여 하느님과 백성은 동일한 해방의 역사 안에 공동운명을 가지겠다는 의지로 서로 뭉치는 것이다.

에집트 종살이에서의 해방은 신과 인간이 공동으로 추진하는 "해방 역사"의 시발점이다. 그러나 그 역사는 예배 안에서 계승되며 현실화되고 이스라엘의 역사가 진전될 때마다 계속 실현된다. 특히 이스라엘이 빈자들과 소외된 자들에게 배려와 정성을 기울일 때마다 "종살이에서의 해방"이라는 구세사Heilsgeschichte를 재현한다. 고대 근동의 법전 서문과 발문 등에서 제諸신들의 권위가 언급되고 있다. 때로 어떤 법령들은 제신이 직접 반포했다고도 말한다. 그러나 이스라엘의 독창성은 야훼를 어떤 법의 제정자 내지 계약의 보증인으로 여기지 않고 그와 맺은 계약의 "파트너"(상대자)로 보는 데 있다. 야훼가 계약을 체결하러 내려오시는 것은 어떤 법제를 보장하기 위한 것이 아니라 친히 이 법제의 정신 안에 자신을 얽어매고 해방의 역사從事에 투신하기 위해서다.[44] 율법의 제정자는 직접 하느님이 되며 또한 백성은 이 하느님과 계약을 맺는다. 율법은 인간들이 하느님과 맺는 관계를 규제할 뿐 아니라 인간끼리의 관계도 규제하고 있다. 그러므로 이 관계들은 종교적 가치를 지니게 된다. 율법은 이스라엘에게 다른 민족과는 달리 어떤 특수하고 우월한 윤리를 계시하는 데 목적이 있는 것이 아니다. 율법은 또 사회질서를 보장하는 데만 그치는 것도 아니다. 율법은 인간의 "대답"을 요구하며 신과 인간, 인간과 인간끼리의 "대화"를 촉구하고 "해방의 역사"를 창조해 나갈 것을 요구한다.[45] 이런 의미로 출애굽기 20-23장에 나타나는 사회

---

[44] "계약"에 관해서 H. CAZELLES, Pentateuque, *SDB* VII, col. 810-2.

[45] J. L'HOUR, *La morale de l'alliance*, 78-9.

적 법령들은 해방신학의 대헌장Magna Charta인 것이다. 따라서 백성의 각 구성원들은 신의 율법에 따라 "이웃의 해방"에 적극적으로 참여해야 한다. 이같은 배경을 전제할 때 계약의 법전이 요구하는 정신은 깊게 이해될 수 있다. 즉, 하느님과의 계약을 전제하는 법정신 때문에, 계약의 법전이 제시하는 법령들은 법 앞에 만인평등 사상을 처음부터 요구하였고, 사회계급의 차이를 없애려 했으며, 가난한 이들에 대해 정성어린 배려를 하고, 종교적 동기 안에서 — 인간은 신의 파트너로서 — 법령들이 준수될 것을 촉구하게 되는 것이다. 계약의 법전이 민족주의적 냄새를 짙게 풍기고 있긴 하지만, 그것은 어디까지나 이스라엘이 하느님과 계약을 맺은 선민이라는 "자기의식" 때문이었으리라. 그러나 곧 우리가 살펴볼 신명기 법전과 예언자들은 보편주의적 전망 안에서 민족주의를 수정하게 된다. 계시는 발전하기 때문이다. 그러나 계약의 법전이 그토록 강력하게 요구하는 가난한 사람의 권리와 존엄성, 이민자의 보호, 노예해방의 원칙은 신과 인간이 맺은 계약의 조화를 이룩하는 해방신학의 첫 발돋움이 아닐 수 없다.

계약의 법전에서 개인은 법정신의 핵심을 이루고 있다. 각 개인은 위격적인 존재로서 "신의 친구"les amis de Dieu가 될 수 있다.[46] 각 개인에게, 특히 가장 가난한 사람들 각자에게, 저녁에 추위를 막을 겉옷이 없는 자에게, 사정없이 학대받는 과부에게, 철면피의 인간에게 구박받는 고아에게 하느님은 유별난 관심과 사랑을 기울이신다. 만일 빈자들이 신에게 부르짖으면 신은 즉각 그 외침을 듣고 그 호소에 곧장 개입할 것을 서둔다. 아니, 신은 빈자의 호소에 민감할 뿐 아니라 빈자의 복수자

---

[46] J. R. PORTER, The Legal Aspects of the Concept of "Corporate Personality" in the O.T., *VT* XV (1965), 361-80.

요 해방자로 처신한다. 이 복수는 자비하신 신의 성품과 어울리지 않을 지도 모른다. 그러나 각자가 보호자·피의 복수자·후견인을 가지고 있던 이스라엘 사회 안에서, 이같은 보호자를 가지지 못한 빈자에게 야훼가 해방자 혹은 복수자로 나서는 것은 지극히 당연한 처신이 아닐 수 없다.

야훼와 이스라엘간의 대화는 계속된다. 계약의 법전은 이스라엘의 "응답"이 어떠해야 하는지 규명하고 있다. 이스라엘은 매일 한 명의 노예를 "해방"하고 과부와 고아를 보호함으로써 하느님의 "말건넴"에 응답하고 그분의 마음에 들 수 있는 대화자가 된다. 예언자들의 영향을 크게 받은 신명기는 가난한 사람들의 권리와 해방을 철저히 주장하는 율법 때문에 이스라엘이 큰 긍지를 가진다고 말한다. 그리고 이스라엘의 사제들도 유배 이후에 그 법정신을 한층 더 빛내고 발전시켰다.

> 내가 오늘 너희 앞에 선포하는 이 모든 율법만큼 더 바른 규정과 법규를 가진 위대한 민족이 어디 또 있겠느냐?(신명 4,8).

제3장

빈자의 권리
— 신명기 법전과 성^聖법전 —

신명기 법전에 나타난 빈자의 권리

빈부 격차의 심화

가나안에 정착한 초기에 모든 이스라엘 사람들은 균등한 사회・경제적 조건하에 살 수 있었다. 이스라엘인들의 재원財源은 토지였으며 토지는 각 가구가 골고루 나누어 가졌다. 그러나 토지의 소유권은 씨족에게 있었으며 종교는 각 씨족의 토지소유권을 엄격하게 보장하였다(나봇의 포도원: 1열왕 21,1-3 참조). 그리고 제1장에서 서술한 사회 상황에서 부동산 거래는 사실상 불가능하였으므로 수익의 원천이 될 수 없었다. 물론 이같은 사회 상황 안에서도 예외는 있었다. 예를 들면 나발은 유다 지방의 스텝에서 대목장을 경영하던 목장주로서 큰 부자였다. 그의 재산은 양이 3천 마리, 염소가 천 마리나 되었으며, 그의 아내 아비가일은 자기 남편의 재산을 지켜주던 다윗의 분노를 누그러뜨리기 위해서 빵 200개・건포도 100개・말린 무화과 과자 200개・술 두 부대・볶은 밀 열 섬・요리한 양 다섯 마리 등을 선물로 바친다(1사무 25,2.18). 욥은 더 큰 재산을 가지고 있어서 양이 7천 마리, 낙타가 3천 마리, 겨릿소가 5백 쌍, 암나귀가 5백 마리나 되었다(욥기 1,3). 욥의 풍요한 재산은 씨족사회의 이름있는 부족장(sheik)의 것과 비슷하게 묘사되고 있다(아브라함의 예: 창세 12,16; 13,6; 24,35). 이들과는 대조적으로 이스라엘의 첫 두 임금은 비교적 소박한 가정의 출신이다. 사울의 아버지는 지방 소농이었으며(gibbôr ḥail)[1] 그 아들에게 잃어버린 암나귀를 찾아오게 했고(1사무 9,1 이하), 사울은 친히 밭갈이에 종사하였다(11,5). 다윗은 양떼를 치던 목동이었고(16,11; 17,20,28,34 이하), 그의 아버지는 군복무 중에 있는 다윗의 형들에게 "볶은 밀 한 말과 빵 열 덩이리, 치즈 열 덩어리"의 작은 음식물을 가져다주라고 다윗을 보낸다(17,17). 성서의 다른 전승에 의하면 왕의 부하로 들어갈 때 다윗은 빵 다섯 개, 술을 가죽부대로 한 부대, 새끼양 한 마리를 왕에게 선물로 바친다(16,20). 이상과 같은 사실을 볼 때, 그들의 생활은 경제적으로 소박한 계층에 속했으며, 이같은 사회 상황에서 부(富)를 독점하는 가족의 출현은 있을 수 없었다.

당시 이스라엘의 도시들을 발굴한 결과, 주민들은 모두가 평등한 생활조건에서 살고 있었다는 것이 입증되었다. 고고학자들이 나쁠루스 근처의 티르싸 Tirça(오늘의 텔 엘 파라)를 발굴한 사건은 기원전 10세기의 가옥들이 모두 비슷한 크기로 되어 있고 집의 내부구조들도 별로 큰 차이가 없음을 보여주고 있다. 각 가옥은 한 가족이 소박하게 살기에 알맞는 크기였으며 이웃집들과 큰 차이를 드러내는 호화주택들이 아니었다. 그러한 동일한 지역에서 나타난 기원전 8세기의 건물들은 큰 차이를 보여주고 있다. 즉, 잘 다듬어 지은 호화주택으로 이루어진 부자촌과, 밀집시켜 마구 지은 집들로 된 빈자촌이 뚜렷하게 구분되어 있다.

이 사실은 기원전 10세기에서 8세기에 이르는 200년 사이에 사회적

---

[1] R. de VAUX, *Les institutions de l'A.T.*, Paris 1957, t.1, 110.

으로 큰 변화가 있었음을 증거하고 있다.² 우리가 이미 본 대로 왕정 수립은 결과적으로 왕의 총애를 받고 관리직에서 수익을 보는 관리계급의 출현을 가져왔던 것이다. 또한 관리들과 결탁한 거상巨商들은 도시문화의 소산인 상업과 기업을 통하여 대지주들이 되었고 부르주아 계급을 형성하게 되었다. 말하자면 번영과 부의 축적이 가능한 사회가 도래한 것이다. 호세아 12,9에서 에브라임은 "나는 실로 부자가 되었다. 한몫 단단히 잡았거든. 누가 나를 부정축재했다고 하랴"고 자랑하고 있으며, 이사야 2,7에서는 유다의 특권층이 "그 땅은 금과 은, 그리고 셀 수 없는 보화로 가득찼습니다"고 감탄하고 있는 모습을 볼 수 있다. 예언자들은 이러한 "부익부 빈익빈"의 상황을 신랄하게 비판하기 시작한다. 호화주택(호세 8,14; 아모 3,15; 5,11) · 방탕한 축제(이사 5,11-12; 아모 6,4) · 화려하고 사치한 의복(이사 3,16-24) · 무리한 농지 수용(이사 5,8) 등의 부정축재는 부자들의 상투적인 재산 취득의 길이었으며, 이에 대해 예언자들은 날카로운 비판을 하였다. 일례로서 예언자 아모스(3,9)는 당시에 횡행하던 부자들의 사기행위와 재산 투기(호세 12,8; 아모 8,5; 미가 2,1 이하)와 채무자를 짓밟는 고리대금의 사회 풍토(아모 2,6-8; 8,6), 사직당국의 부패(이사 1,23; 예레 5,28; 미가 3,11; 7,3) 등 불과 200년 사이에 발생한 사회 부조리를 신랄하게 비판했다.

부자들의 반대편에는 경제적으로 약하고 가난한 민중이 있었고 이들이 지배층의 착취와 심한 가렴주구에 시달린 사실은 분명하다. 제4장에서 보겠지만 예언자들은 이 민중의 편에 서서 그들을 대변하고 빈자들로 구성된 민중의 권리를 옹호하였다(이사 3,14-15; 10,2; 11,4; 아모 4,1; 5,12; 시편 82,3-4). 우리는 전장前章에서 "정착 시대의 위기" 앞에서 "계약의 법전"이

---

² R. de VAUX, Riches et pauvres, *op. cit.*, t.1, 113.

어떻게 민중의 편에 서서 그들의 권익을 옹호했는가를 잘 살펴보았다. 그러나 특히 이 시대의 위기 앞에서 신명기 법전은 사회문제에 깊이 개입하고 있다. 신명기 법전은 북왕국 이스라엘에서 기원전 8세기 전반기에 형성되기 시작했다. 이 사실은 그 법전이 꼴을 갖추기 시작한 것이 북왕국이 경제적 번영의 전성기에 있었던 여로보암 2세(기원전 787~747) 때인 것을 말해주고 있다. 예언자들의 영향을 크게 입은 동(同) 법전은 빈곤화 현상에 대해 심각한 반응을 보이지 않을 수 없었다.[3] 신명기는 계약의 법전(제2장)이 이미 성문화한 전승을 더욱 풍부케 하고 고대 율법 전승을 다시 모아 새 시대의 요구에 부응하는 법적 조치를 강구하는 노력을 보여주고 있다. 기원전 10세기에서 8세기 사이에 빈곤화 현상이 극에 달했다면, 기원전 8세기 이후부터 빈자들은 사회불의의 상존적(常存的)인 희생자들이 되었다. 이러한 사회 상황에 대해 신명기는 "너희가 사는 땅에는 너희 동족으로서 억눌리고 가난한 사람이 어차피 있을 것이다"(신명 15,11; 참조: 마태 26,11)라고 선언하고 있다. 고대 이스라엘이 막으려던 빈곤화 현상은 이제 어차피 막을 수 없는 기존 현상이라는 것이다. 신명기에 나타난 이스라엘의 당면 과제는 민중의 빈곤화 현상을 어떻게 제거하느냐에 있는 것이 아니라 동족으로서 가난하고 억압받는 민중의 비참을 어떻게 덜어주느냐에 있다는 말이다.

신명기 법전의 개혁정신

신명기 16-26장에 포함되어 있는 법전은 엘로히스트(E)계 사료(史料)가 형성된 것과 동일한 상황 및 시대에서 탄생한 것이다.[4] 그러나 신명기

---

[3] SELLIN-FOHRER, *Introduction to the Old Testament*, 174 이하.

법전은 계약의 법전이 이미 언급한 내용, 특히 "빈자의 권리"에 관한 내용을 심화하고 명문화한다. 하여튼 신명기 법전은 모세의 예언자적 정신을 이어받은 북이스라엘 10지파의 사회생활과 인간관계를 규정하던 법전인 것으로 보인다.

사막에서의 방랑생활과 그 관습을 깊이 기억 속에 간직한 북이스라엘의 씨족 공동체들은 근본적으로 자유농민적 사상을 정착문화 사회인 가나안에서도 유지·보존하려 했다. 그들에게 하늘은 태양과 비를 내리는 하느님의 섭리적인 궁창穹蒼이 있는 곳이요, 인간과 모든 생물의 생명은 어디까지나 신이 주시는 "선물"인 것이다. 씨족간에 알력을 피하고 평화 공존하는 사회의 건설은 각 씨족이 자기 것에만 집착하지 않고 서로 나누어 가지는 분배에 있으며 서로가 서로를 섬기는(diakonia) 데 있는 것이다. 원만하고 평화로운 사회생활이 가능한 조건은 각자가 공짜로 받은 신의 선물을 제 이웃과 나누어 가지는 것이다. 상부상조는 사회생활을 가능하게 하는 필수조건이다. 야훼께서는 "젖과 꿀이 흐르는 이 땅"을 당신 "백성"에게 공짜로gratis 선물로 주셨다. 그러므로 이스라엘 사람이면 누구든지 이 땅을 자기 개인 소유로 독점할 수 없다. 신명기는 대지주가 되어 땅을 독점한 이스라엘 부호(이사 5,8; 미가 2,2)의 처사에 다음과 같은 "법정신"으로 대처하고 있다.

> 너희 하느님 야훼께서 너희에게 유산으로 주시어 상속받게 하신 땅에 틀림없이 복을 내려주실 것이다. 그러니 너희 가운데 가난한 사람이 없도록 하여라(신명 15,4).

---

[4] A. WELCH, A. ALT, G. von RAD 등은 신명기의 형성 고장을 북왕국 이스라엘이라고 주장하고 있다. *I.C.A.T.*, 216.

땅의 본本주인은 야훼이시기에 이스라엘 사람은 그의 "소작인"에 불과하며, 한 사람이 땅을 독점할 권리가 없다는 말이다. 따라서 신명기의 법정신은 하느님의 선물인 땅의 소출을 골고루 나누어 가져 극빈자의 속출을 최소한으로 줄이자는 것이다. 우리는 그 법정신을 사회생활의 세 가지 차원에 환원시켜 고찰할 수 있다. 이 세 가지 차원은 식량·가족·예배의 분야로 구분되며, 양식은 생산의 분야, 가족은 경제 유통의 분야, 예배는 소비의 분야에 해당한다. 인간이 필요로 하는 양식은 생명이 들어 있는 육체를 위해서 있고, 가족은 경제 유통을 위해서 있으며 예배는 기도·제사·십일조로 표현되는 소비를 위해서 있다.

결 론

식량: 생존의 수단이 결여되어 있는 경제적으로 약한 자들, 즉 레위인·이민자·과부와 고아들은 십일조의 혜택을 받아 생존권을 보장받아야 한다. 따라서 이스라엘에서의 십일조는 근본적으로 가난한 자의 생존권에 관계된 법제이다.

> 너희는 3년마다 한번씩 그 해에 난 소출의 십일조를 다 내놓아 성 안에 저장해 두었다가 너희가 사는 성 안에 있는 레위인·이민자·고아·과부들이 와서 배불리 먹게 하여라. 그래야 너희가 손으로 하는 모든 일에 너희 하느님 야훼께서 복을 내리실 것이다. 레위인은 너희가 받은 유산을 함께 받지 못한 사람들이다(신명 14,28-29; 26,12-15).

신명기 개혁(기원전 622)은 "바알 신"을 숭배하던 지방 성소를 폐쇄하고 모든 예배를 예루살렘 성전으로 집중시켰다. 따라서 고래古來의 십일조 혜택을 지방에 흩어진 빈자들이 받을 수 없게 되었다. 그래서 예루살렘 성전은 신명기 14,28-29의 법제를 근거로, 각 지방의 성전에 바치던 십일조만은 예루살렘으로 바칠 것을 요구하지 않고 지방 빈자들의 생존을 위해 활용할 것을 규정했다. 이스라엘 사람이 3년마다 바치는 이 십일조는 수도인 예루살렘의 성전에 바칠 것이 아니라, 각 지방 성전에 바쳐 가난한 자의 생명을 유지하라는 것이다. 하지만 신명기 법전은 예루살렘 성전의 책임자들이 지방 성전에 바쳐진 십일조가 과연 빈자들의 생존을 위해 쓰여졌는지를 전국적으로 컨트롤할 것을 요구하고 있다. 그 법제가 신명기 26,12-15, 특히 "그러고는 너희 하느님 야훼 앞에 아뢰어라"라는 표현에 뚜렷이 드러나 있다. 야훼는 예루살렘 성전에만(시편 29) 계시므로, 그분은 3년마다의 십일조 헌납 여부를 전국적으로 확인할 권리를 가지고 있는 것이다.

또한 신명기는 곡식 추수와 포도따기 계절이 지난 후 남은 것은 가난한 자들의 몫, 즉 그들의 권리라고 규정하고 있다. 추수 때 이삭을 남기는 이유는 레위인·이민자·고아·과부의 생존권을 위해서이다. 토지와 과수원 주인에게는 자기의 수확물을 깡그리 거두어들일 권리가 없다. 남겨둔 이삭·포도송이·올리브 열매는 부자들이 빈자에게 베푸는 동정이나 자선사업이나 "불우이웃돕기"가 아니다. 그것은 빈자들의 편에 서 계시는 야훼의 법적 요구요, 빈자들이 마땅히 요구할 수 있는 그들의 권리이다.

야훼 하느님은 출애굽 체험을 상기시키며 아래와 같이 명하고 있다.

밭에서 곡식을 거둘 때에 이삭을 밭에 남긴 채 잊고 왔거든 그 이삭을 주으러 되돌아가지 말라. 그것은 이민자나 고아나 과부에게 돌아갈 몫이다.

… 포도를 딸 때에도 한 번 지나간 다음 되돌아가서 다시 뒤지지 말라. 그것은 이민자나 고아나 과부에게 돌아갈 몫이다. 너희가 에집트 땅에서 종살이하던 일을 생각해 보아라. 그래서 내가 이렇게 명령하는 것이니, 너는 반드시 이를 지켜야 한다(신명 24,19.21-22; 레위 19,9-10).

하지만 가난한 자의 이 권리는 무제한적인 것이 아니다. 비록 빈자일지라도 이웃이 애써 거두어들인 소출을 깡그리 빼앗을 수는 없다. 이스라엘인이라면 누구나, 하느님께만 속하는 땅에서 소출을 거두어들여 골고루 나눠 가질 권리가 있다는 것이 신명기의 최상 규범이다.

너희 이웃집 포도원에 들어가서 먹을 만큼 실컷 먹는 것은 괜찮지만 그릇에 담아 가면 안된다. 이웃집 밭에 서 있는 곡식 이삭을 손으로 잘라먹는 것은 괜찮지만 이웃집 밭에 서 있는 곡식에 낫을 대면 안된다(신명 23,25-26).

부채는 노예계층 출현의 원인이었다. 신명기 법전은 대부행위가 이루어질 때 채권자가 담보물을 사유재산화하는 것을 금지하며, 노예화의 근본 원인인 고리대부 행위를 엄격히 금한다.

너희는 동족에게 무엇을 꾸어줄 때, 담보물을 잡으려고 그의 집에 들어가지 말라. 너희에게서 꾸려는 사람이 담보물을 가지고 나오기까지 너희는 집 밖에 서 있어야 한다(신명 24,10-11).

신명기 법전은 계약의 법전에서 한걸음 더 나아가 대부해 준다는 핑계로 채권자가 채무자의 재산을 강제로 압류하지 못하도록 하고 있다. 신명기 법전은 또한 채권자가 채무자에게서 생존수단에 속하는 재산을 담보물로 할 수 없음을 규정하고 있다.

> 맷돌은커녕 맷돌 위짝도 저당잡힐 수 없다. 그것은 남의 목숨을 저당잡는 일이다(신명 24,6).

방앗간 주인에게 맷돌은 생존의 수단이기 때문이다. 또한 신명기는 이민자와 고아의 인권을 짓밟거나 과부의 유일한 옷을 저당잡는 행위를 금하고 있다(신명 24,17). 가난한 자의 생존권은 어느 경우에도 보장받아야 한다. 외투('simlah) 담보행위에 대한 규정(출애 22,25-26)이 신명기 24,12-13에서 재차 천명되고 있다.

무거운 부채와 고리대금은 빚을 갚을 수 없게 만들며 동족인 이스라엘 자유인을 노예화시키는 주된 원인이었다.[5] 신명기 법전도 계약의 법전과 마찬가지로 이자받기를 엄격히 금지할 뿐 아니라 동족간의 "무이자 대부"를 적극 장려하고 있다.

> 너희 하느님 야훼께서 주시는 땅의 어느 한 성읍에서 동족으로서 가난한 사람이 있거든 너희는 인색한 마음으로 돈을 움켜잡거나 그 가난한 형제를 못 본 체하지 말라. 손을 펴서 그가 필요한 만큼 (무이자로) 넉넉히 꾸어주어라(신명 15,7-11).

이처럼 동同 법전은 동족에게서 이자받기를 금하고 있다.

---

[5] R. de VAUX, Le gage, op. cit., t.1, 263.

> 같은 동족에게는 변리를 놓지 못한다. 돈 변리든 장리 변리든 그밖에 무슨 변리든 놓지 못한다. 외국인에게는 변리를 놓더라도 같은 동족에게는 변리를 놓지 못한다(신명 23,20-21).

그러므로 이자를 받을 수 있는 경우는 비이스라엘인에게 대부했을 때에 국한된다. 이스라엘적 국수주의가 여기 드러나고 있다.
 신명기 법전은 또한 "근로자의 권리"를 힘껏 옹호하고 있다. 근로자가 힘들여 일한 노동의 대가는 지체없이 지불되어야 한다.

> 가난하고 불행한 품팔이를 너는 착취하지 말라. 너희 나라, 너희 성문 안에 사는 사람이면 같은 동족이나 외국인이나 구별없이 날을 넘기지 않고 해지기 전에 품삯을 주어야 한다. 그는 가난한 자라 그 품삯을 목마르게 바라고 있는 것이다. 너희를 원망하며 외치는 소리가 야훼께 들려 너희에게 죄가 돌아오지 않도록 해야 한다(신명 24,14-15; 데위 19,13).

노동의 대가를 받을 수 있다는 근로자의 정당한 권리가 이 구절에 천명된 것이다.
 경제적 약자들 중 노예는 고대 민중 속에서 가장 비참한 인물들이다. 신명기도 다른 법전들과 마찬가지로 7년째의 안식년에 노예석방령이 실시될 것을 철저히 주장한다.

> 동족인 히브리인이 남자건 여자건 너희에게 팔려왔거든 6년만 부리고 7년째 되는 해에는 자유를 주어 내보내야 한다. 자유를 주어 내보낼 때에는 빈손으로 내보내지 못한다. 너희 하느님 야훼께서 복으로 주신 양떼와

타작마당에서 거둔 것과 술틀에서 짜낸 것을 한 밑천 되게 마련해 주어야 한다. 에집트 땅에서 종살이하던 너를 너희 하느님 야훼께서 해방시켜 주신 것을 생각하여라. 그러므로 내가 오늘 너희에게 이를 명하는 것이다
(신명 15,12-15; 15,16-18 참조).

신명기 법전은 계약의 법전에서 한걸음 더 나아가 노예석방시에 그에게 생존수단까지 보장해 줄 것을 요구한다. 하느님은 자신이 노예를 해방하는 장본인임을 출애굽의 체험과 연결시켜 계시하고 있기 때문이다. 뿐만 아니라 외국인 노예가 이스라엘에 도망해 왔을 경우, 그 노예가 비록 이스라엘인이 아닐지라도 그에게 은신처를 제공하고(le droit d'asile) 그를 노예 신분에서 석방시켜야 한다.

주인의 손을 벗어나 너희에게 피신해 온 종을 너희는 본주인에게 내어주지 못한다. 어느 성 안에서든지 너희와 함께 살고 싶다고 하면 어디든지 그가 고르는 곳에서 행복하게 살게 해주어야 한다. 그리고 그를 착취해서도 안된다(신명 23,16-17).

야훼께서 주신 가나안 땅은 "자유의 땅"이다. 따라서 누구든지 젖과 꿀이 흐르는 그 땅에 와서 살게 되면 에집트에서의 종살이에서 탈출한 "자유인"이 될 권리가 있다. "자유가 아니면 죽음을 달라"는 것은 하느님의 신민이 거주하는 자유의 땅이 모든 이에게 베푸는 대원칙이다.
    노예와 근로자의 7일째의 휴식이 에집트에서의 해방과 직결되어 있다는 것이 신명기 법전에 와서 더욱 강조된다. 7일째의 휴식은 민중의 정당한 권리이며, 그것은 인간뿐 아니라 동물에게까지 확대되어야 함을

동 법전은 다음과 같이 주장한다.

> 엿새 동안 힘써 네 모든 생업에 종사하고 이렛날은 너희 하느님 야훼 앞에서 쉬어라. 그날 너희는 어떤 생업에도 종사하지 못한다. 너희와 너희 아들 딸, 남종 여종뿐 아니라 소와 나귀와 그밖의 모든 가축과 집안에 머무는 식객이라도 일을 하지 못한다. 그래야 네 남종과 여종도 너처럼 쉴 것이 아니냐. 너희는 에집트 땅에서 종살이하던 일을 생각하여라. 너희 하느님 야훼가 억센 손으로 내리치고 팔을 뻗어 너희를 거기에서 이끌어 내었다. 그러므로 너희 하느님 야훼가 안식일을 지키라고 명령하는 것이다(신명 5,12-15).

이스라엘은 이렇게 하여 민중, 즉 떠돌이·과부·고아·노예·근로자 등의 권리를 짓밟으면 하느님의 분노뿐 아니라 저주를 받게 된다.

> 이민자와 고아와 과부의 인권을 짓밟는 자에게 저주있으라(신명 27,19).

빚을 갚을 길 없는 자에게 흔히 덮치는 신세는 최하층민인 노예로의 전락이다. 신명기 법전은 왕정과 도시화 현상의 결과로 인한 빈곤화에 대처하여, 땅의 휴한(休閑)이라는 옛법을 "경제 상업 부문"에도 적용시키기를 주저하지 않는다. 7년째 되는 해에 이스라엘의 모든 채권자는 그 권리를 포기해야 한다. 즉, 빚을 삭쳐주어야 한다는 것이다. 또 여기서도 외국인의 부채는 제외되고 있다.

> 7년에 한번씩 남의 빚을 삭쳐주어라. 빚은 이렇게 삭쳐주어야 한다. 누구든지 동족에게 돈을 꾸어준 사람은 그 빚을 삭쳐주어야 한다. 동족에게서

빚을 받아내려고 하면 안된다. 빚을 삭쳐주라는 것은 야훼의 이름으로 선포된 법령이기 때문이다. 외국인에게 준 빚은 받아내려니와 동족에게 준 빚은 삭쳐주어야 한다(신명 15.1-3).

이 텍스트는 채권자의 권리 포기가 잠정적인 것인지 혹은 결정적인 것인지, 또 빚의 일부에 대한 것인지 아니면 전부에 대한 것인지는 명시하고 있지 않다. 그러나 빚을 삭쳐주어야 한다는 이 법제法制의 정신은 "그러니 너희 가운데 가난한 사람이 없도록 하여라"(신명 15.4)라는 야훼의 명에 분명히 드러나 있다. 신명기 15,11은 이렇게 말한다.

그렇다고 하여 너희가 사는 땅에서 가난한 사람이 없어지지는 않을 것이다. 너희가 사는 땅에는 너희 동족으로서 억눌리고 가난한 사람이 어차피 있을 것이다. 그러므로 이렇게 너희 손을 뻗어 도와 주라고 이르는 것이다.

가난한 자가 어차피 있을 것임에도 불구하고 빈자가 없어야 한다는 것은 신명기 법전이 내세우는 이상이다. 왜냐하면 주님은 좋고 좋으신 분으로서 당신 백성의 행복을 전적으로 원하시기 때문이다. 사회악으로서의 가난과 빈자의 상존常存 현상은 비정상적이며 하느님의 구원계획에 어긋나는 이율배반적 현상이 아닐 수 없다. 이스라엘은 비록 실제적으로 빚을 삭쳐주는 일이 어려울지라도(신명 15.9) 인간의 이기심이 낳은 빈곤화 현상을 종식시키기 위해 인색한 마음을 버리고 "하느님처럼 손을 펴서 가난한 사람이 필요한 만큼 넉넉하게 꾸어줌으로써"(신명 15.8) 하느님의 관대함을 본받아야 한다. 고리대부 행위는 노예화의 근본 원인이 되므로 이스라엘은 종교의식을 거행할 때마다 반드시 그 법을 회중에게 낭독하여 모든 이가 그 법정신을 주지하도록 해야 한다(신명 31,10-12).

이스라엘은 출애굽기 21장에 나오는 십계명을 신명기 5장에서 다시 반복하고 있으며, 이스라엘 사람이라면 누구든지 도둑질하지 말아야 하고, 이웃의 아내·집·전답·남종과 여종·이웃의 소나 당나귀를 탐하는 것이 금지되어 있다. 이상의 법령을 범하는 것은 이웃에게 "빚"을 지는 일이며, 이 사실은 이러한 모든 선물을 주시는 하느님께 빚을 지는 일이 되는 것이다.

가족: 기하급수적인 인구 팽창을 두려워하는 현대와는 달리 고대 이스라엘인들은 당대의 모든 민족들처럼 많은 부인들(일부다처제)과 많은 자손들을 가짐으로써 생명의 계속을 원했다. 자손의 번성은 가문(氏族名)을 보장하는 유일한 수단이었다. 신명기 법전의 많은 금령들이 가정의 "온전성"을 파괴하는 성性의 혼란과 생명을 해치는 범죄에 대해 큰 관심을 표명하는 이유는 바로 생명의 계속, 가문의 존속이라는 지상 과제 때문이었다. 이 점에서 볼 때 간음은 이웃의 아내를 강탈하는 것이요, 살인은 생명을 앗아가는 최상의 범죄이며, 하나밖에 없는 이웃의 생명에 갚을 수 없는 빚을 지는 것이고, 명예훼손 혹은 거짓 증언은 가문의 이름을 더럽히는 중죄가 아닐 수 없다.

예배culte: 모든 선물은 야훼께로부터 온다. 그러므로 이스라엘의 하느님이신 그분께 모든 것이 되돌아가야 한다. 이스라엘이 제일 먼저 하느님께 해야 할 의무는 다른 신들을 숭배하는 데 쓰이던 우상들을 파괴하는 것이다. 이스라엘은 야훼께만 제사·번제·십일조를 바쳐야 한다. "야훼를 위한 축제"는 제사sacrifice의 본질을 이루고 있으며, 이 제사 때 인간이 평상시에 소비하는 것을 "소비"consommation함으로써 "거룩함의 본질"essence du sacré을 추구하게 된다. 일반 종교에서 성聖의 본질은 인간의 소비를 "성역화"하는 것에 그치고 있으나, 신명기 법전의 텍스트들은 "성"의 본질이 야훼와 접촉한다고 믿어지는 상(像)이나 이미지들 안에 있는 것이 아니라(신명 4,15-20; 27,15) 야훼의 백성 가운데에서 그분이 강하게 역사 役事하시고 있다는 것을 보도하는 "설화"récit 안에 있다는 것을 강조한다. 역사歷史를 "거룩함"의 본질로 삼는 구체적인 사례가 다음의 텍스트이다.

> 우리 하느님 야훼께 받은 이 훈령과 규정과 법령이 웬것이냐고 훗날 너희 자손이 묻거든, 너는 네 아들에게 이렇게 일러주어라. "우리는 에집트에서 파라오의 종 노릇을 한 일이 있었다. 그런데 야훼께서 강한 손으로 에집트를 내려치시고 우리를 거기에서 이끌어 내셨다. 야훼께서 크고 두려운 표적과 기적을 내려 파라오와 그의 온 궁궐을 치시는 것을 우리는 이 눈으로 보았다. 이렇게 우리를 거기에서 이끌어 내신 것은 우리 선조들에게 주겠다고 맹세하신 땅에 우리를 데려다가 그 땅을 차지하게 하시려는 것이었다. 그러시고는 우리를 언제까지나 '오늘처럼' 이렇게 복되게 잘 살도록 하시려고 야훼께서는 우리에게 우리 하느님 야훼를 경외하며 이 모든 규정들을 지키라고 분부하신 것이다"(신명 6,20-24; 8,12-18; 26,5-9 참조).

이리하여 야훼께서 힘있게 당신 권능을 행사하셨다는 설화가 이스라엘 백성 신앙의 핵심을 이루게 된다. 이스라엘을 하나의 백성으로 삼게 된 신적 제스처를 보도하는 설화는 과거의 역사만은 아니다. 그 설화는 "오늘"과 그 "훗날"(미래)의 역사에도 개방되어 있는 설화이다. 그 역사에 대한 설화는 "오늘"이라는 현재 안에서도 발생하는 백성의 역사와 연결되어 있다. 이런 의미로 신의 설화와 인간의 설화는 대화를 하며 또 다른 하나의 해방의 설화, "해방의 역사"를 이루어간다. 신명기 법전은 이런 뜻으로 "오늘"hodie이라는 표현을 수없이 반복하고 있다.

바로 신명기 법정신의 이같은 요구에 따라 신명기 법전은 "왕의 법적 위치"를 규명하고 있다. 왕은 "동등한 형제들" 중의 한 사람으로 야훼께서 선택한 사람이다. 왕은 군마를 늘리거나 처첩·금은보화를 축적하면서 제 형제들 위에 군림하여 마치 신이라도 된 듯이 교만해져서는 안된다(신명 17,14-20). 드디어 요시아 왕(기원전 621/622) 치세에 와서 신명기 법전은 군주정체와 모세 신앙의 긴장을 해소시키려고 시도했다. 동同 법전은 군주정체에 일종의 상한선을 그은 것이다. 국왕은 야훼를 보필하는 인물 vicarius로서, 어디까지나 율법의 권위하에 종속되며, 제국주의 혹은 절대군주적 정치는 지양되어야 한다는 것이다(17,14-20).[6] 국왕은 율법에 순종해야 하고, 자의恣意로 전쟁을 일으켜서는 안되며, 자기 정부에 우상숭배를 초래하는 외국 세력을 끌어들이거나, 과중한 세금을 국민에게 부과해서는 안된다. 동법同法 기능은 국왕의 조정에서 절대 독립해야 하고, 최고 법정은 조정 내에 설치될 것이 아니라 성전과 사제들에게 위임되어야 한다. 사제는 법을 제정하는 인물들로서 하느님의 뜻을 가장 깊이 있게 식별해야 하며 민법에 의한 소송도 성전의 최고 법정으로 이관되어야 한다(16,18-20; 17,8-13; 20-25장). 입법·사법·행정의 분리를 이룩한 이같은 법치국가가 이룩된 것은 어디까지나 예언자들의 비판정신과 모세의 신앙에 입각한 개혁으로서, 당대 근동의 절대군주 제도에 비교하면 일대 혁명이었다. 신명기 법전은 일종의 "입헌군주국"을 탄생시켰고, 정치 공동체 의식을 조장시켰으며, 이스라엘인 각자가 "형제"라는 자아의식을 가지고 공동체의 문제와 활동에 적극 참여케 되었다. 이스라엘은

---

[6] R. de VAUX, Le Roi d'Israël, *Bible et orient*, Paris 1965, 287-301; 서인석, 「예언자들의 정치관」, 『사목』 40 (1975), 114 이하.

처음부터 "자유·평등·우애"liberté, égalité, fraternité의 정신하에 뭉친 백성이 된 것이다. 그러나 이런 정치철학은 신명기 법전(12-26장)을 요약하는 다음 구절, 즉 신의 최상 계명에 근거한 것이다.

> 이스라엘아 들어라. 야훼, 우리의 하느님은 유일한 야훼이시다. 마음을 다 기울이고 정성을 다 바치고 힘을 다 쏟아 너의 하느님 야훼를 사랑하여라(신명 6.4-5).

실상 "사랑한다는 것"은 "주는 것"이다. 생명을 선물로 "준다는 것"은 "죽음을 부정하는 것"이다. 민중에게서 — 특히 "비참한 삶"les misérables을 버려두고 — 생명을 빼앗아 독점하려는 인간의 이기심은 인간의 생명을 앗아가는 살인행위인 것이다. 자기에게 가장 귀중한 것(생명)을 선물로 내놓는다 함은 생명이 결국에 가서는 계속되어야 한다는 의지의 표현이다. 신과 인간을 위해서 사는 삶이야말로 "참된 삶"의 길인 것이다. 바로 이같은 기초 위에 북왕국 10지파가 "삶의 의욕"을 공동체 안에 실현하려고 했다. 신명기 법전은 이런 뜻으로 빈자들에게 삶의 의욕과 희망, 그리고 권리를 되찾아주었던 것이다.

성법전에 나타난 빈자의 권리

성법전의 "삶의 자리"

예루살렘이 바빌론 군대의 손에 함락되었을 때(기원전 587) 유다 백성 일부가 유프라테스 강변에 유배를 떠나게 되었다. 이때 유배간 사람들의 주축을 이루는 계층은 유다 왕국의 지배층이었다. 즉, 그들 대부분이 사제·레위인·율사들이었던 것이다. 민중과 대부분 빈자들은 유다 땅에 그대로 남아 있었다.[7] 그런데 놀라운 것은 사가史家들이 유다 지방에 남아 있던 민중이 대단히 중대한 문헌을 남겼다는 것을 곧잘 잊는다는 것이다. 민중은 글을 쓸 수 없던 문맹이라는 사실 때문이다. 실상 당시 유다에 잔존한 민중은 구약성서에서 그 유명한「애가」Lamentatio를 남겼던 것이다. 성서의 전승은 애가가 "예레미야의 작품"이라고 하나 실상은 민중이 자신의 애환을 그린 작품이다. 바빌론에 유배간 지식층들은 모두가 뛰어난 지식인들이었기에 바빌론 강변에서 읊은 그들의 시편(시편 137)을 필두로 하여 성서문학 대부분이 그들의 손에 의하여 집대성되었다. 그 문학 안에서 "유배간 이들"exilés은 "참된 이스라엘"로 소개되고 있기 때문이다.[8]

포로로 끌려가는 유배의 혼란 속에서 유다 백성의 윤리적 지주가 된 것은 사제들이었다. 사제들은 이스라엘의 정체를 잃어버리지 않도록 최대의 노력을 기울인다. 이때에 이스라엘이 정체를 잃지 않게 하는 유일한 수단은 이스라엘의 "전통"을 고수하는 것이다. 안식일을 지키는 것과 할례는 이스라엘 사람의 표징이 되었으며, 당시의 "종교적 축제"들은 후일 "유대인 회중"Synagogue(qahal = Ecclesia)으로 발전되었다. 이 축제의 모임에서 유배간 이들은 이스라엘의 옛 설화들을 읽고 명상했으며 새로운 전망 안에서 해석하였다. 사제들이 각별히 신경을 쓴 것은 율법Torah이라 불리는 성서의 법규들과 금령禁令들을 하나도 빠뜨리지 않고 수록하고 보존하는 일이었다. 이같은 분위기(milieu) 속에서 에제키엘 40-48장,

---

[7] 유배간 사람들에 대한 성서의 보도: 2열왕 24,14(기원전 598년), 2열왕 25,11-12(기원전 587년).

[8] R. de VAUX, Israël, VII. l'exil, *SDB* IV, col. 759 이하.

즉 "에제키엘의 율법"이 씌어졌다. 예언자는 이 율법에서 성전의 재건 (에제 40장)과 미래의 이상적인 이스라엘을 힘있게 그리고 있다. 우리가 보려는 성聖법전(레위 17-26장)도 이같은 상황에서 탄생한 법전이다. 성법전은 "유다이즘"의 유일한 성격을 의식적·윤리적·사회적 순결에서 발견했다. 바로 유다이즘의 순결성을 보존하려는 전망에서 소위 제관계 문헌 Priestercodex[9]이 탄생했다.

제관계 문헌은 이렇게 하여 율법이 되어 성법전을 수록했다. 제관계 문헌 le document sacerdotale은 일종의 "교리서"이다. 이 교리서는 웅장하고도 아름다운 우주의 창조에서 시작된다. 창세기 1장은 성서의 첫장으로서 가장 잘 알려진 텍스트이지만 실상은 제관계 문헌(P)이 그토록 강조해서 관심을 가지는 족보들 généalogies 중에서 첫째로 오는 것이다. 우주의 생성 genesis은 인간의 생성, 즉 족보들의 첫 족보가 된다. P 기자는 계속해서 족보들을 나열한다. 즉, 노아의 족보(창세 6,9)·셈과 함과 야벳의 족보(10,1)·셈의 족보(11,10)·데라의 족보(11,27)·이스라엘의 족보(25,12)·이사악의 족보(25,19)·에사오의 족보(36,9)·야곱의 족보(17,2), 마지막으로 아론과 모세의 족보(민수 3,1)가 그것이다. 한국인들처럼 그들이 족보에 큰 관심을 둔 것은 하느님이 주신 선물인 "생명의 전수" transmission de la vie에 온갖 정성을 기울인 때문이다. 그리고 아론의 사제직을 물려받은 유배 떠난 사제들은 자신들이 생명을 하느님의 창조에서 물려받아 전해줄 수 있는 인물들이라고 생각한 것이다.

또한 천지창조에서 유배지의 사제들에게까지 이어진 역사 안에 세 개의 큰 계약들이 그 주축을 이루고 있다. 즉, 하느님은 노아와 맺은 계약

---

[9] 유배와 유배 이후의 시대상에 대해서 Histoire des religions, La Pléiade, t.2, 114-47.

을 통해(창세 9,8 이하) 우주의 모든 생명체와 계약을 맺고, 아브라함과 맺은 계약을 통해 아브라함의 후손들이 안식일과 할례를 지킬 때 계약의 혜택을 받게 하신다. 계약의 파트너는 이스라엘이라는 범위로 축소된다(창세 15장). 드디어 셋째 계약은 아론과 그 후계자들로 하여금 하느님의 은혜를 전해주는 매개자들이 되게 한다(레위 8-9장). 모세오경의 레위기와 민수기는 제관계 문헌(P)을 계속하고 있을 뿐이다.

기원전 538년 페르샤인들의 왕 고레스Cyrus는 바빌론 제국을 멸망시킨 후에 그곳에 유배와 있던 유다 사람들을 석방시켰다. 유대인들은 이제 자기 고향으로 돌아갈 수 있게 되었다. 약 5만 명[10]의 유대인들이 예루살렘으로 돌아와 허물어진 옛 성전을 다시 짓기 시작했다(기원전 520 착공). 이제 팔레스티나는 아시리아인들이 파견한 식민주의자들이 살던 북쪽의 사마리아 지방과 남쪽의 유다 지방으로 나뉘어지게 되었다. 유다는 정치적 독립을 잃었고 국왕은 남쪽에도 북쪽에도 없었다. 유배에서 돌아온 유대인과 남아 있던 민중은 하나의 종교적 공동체를 구성하여 대사제의 권위하에 살고 있었다.

유배지에서 돌아온 사제들은 바빌론에서 집대성하여 둔 율법을 함께 가져와서 유다에 잔존해 있던 백성에게 "하느님의 율법"으로 선포하고 가르쳤다(에즈 7,11-26). 그들은 율법의 기본 텍스트, 즉 야휘스트 문헌(J)·엘로히스트 문헌(E)·신명기 문헌(D)·제관계 문헌(P)의 통일을 꾀했고, 그 결과로 오늘의 우리 성서에 수록되어 있는 모세오경이 완성된 것이다. 율법, 즉 모세오경은 유대인 공동체의 대헌장이 되었으며, 페르샤의 식민주의·그리스의 이성주의·로마의 제국주의에도 불구하고 끊임

---

[10] 에즈 2,64에 그들의 정확한 숫자가 42,360명이라고 보도되어 있다.

없이 유다이즘을 보호하여 "그리스도교의 탄생"을 가능케 했다. 이제 이같은 "삶의 자리"에서 탄생한 성법전이 어떻게 빈자의 권리를 옹호했는지 살펴볼 차례다.

성법전의 법정신

기원전 538년부터 예루살렘의 멸망을 가져온 서기 70년에 이르기까지 유다 지방은 외국인들의 제국주의에 착취와 압박을 면할 길이 없었다. 그러나 유다는 사제계급caste sacerdotale의 권위하에 단결함으로써 종교적 독립을 유지할 수 있었다. 그런 이유로 유다이즘의 율법은 정복자들인 외국인 제국주의자들에 의해서도 침해되는 일 없이 인정을 받게 되었다. 율법은 이제부터 유태인의 생산, 생산의 유통, 소비를 세밀하게 규정하게 된다. 율법은 이스라엘의 경제·정치·이데올로기의 원천이 된 것이다.

그런데 율법의 핵심이 담겨져 있는 레위기는 순결성의 이상으로 특징지어져 있다. 율법은 "순결성의 시스템"le système de pureté을 구성한 것이다. 율법은 마술적magique인 우주관에 그 기초를 두고 있다. 즉, 생명과 죽음은 영구불변의 여건들이며 "성"聖의 영역에 속해 있고, 세상과 우주를 지배하는 신비스러운 권능들에 밀접히 연결되어 있다. "생명을 얻는 것"(축복이라고 표현됨)과 "죽음(저주라고 표현됨)을 피하는 것"이 가능한 유일한 조건은 "만물의 질서"ordre des choses에 역행하는 이례異例(anomalie)를 어떻게 처리하느냐에 달려 있다. 생명을 얻고 죽음을 피하는 조건은 인간들의 현존을 그 "질서"에 맞추어 정리하고 신이 세운 질서에 우주의 제諸 요소éléments de l'univers를 굴종시키는 데 달려 있다. 즉, 종교심la piété을 가지고 함축적이고 보편적인 법제를 지키고 돌발적인 사고가 그 법제를 변질시키는 일이 없도록 하는 데 있다. 종교의 본질은 법제가 손상되는 일이 없도록 최선을 다해야 보존된다. 일월식日月蝕·쌍둥이의 출산·색소결핍증에 걸린 흰둥이·짐승과의 성교·터부의 다양한 목록·신성모독 등은 종교의 순수성을 훼손한다. 그러므로 마술적 종교관에 의지한 당시 종교는 많은 취약점을 지닌 것이다. 이상과 같은 잘못이 종교의 본질을 훼손했을 경우 천재지변·홍수·전염병·기근이 그 벌로 백성에게 덮치게 된다. 따라서 당시 사제의 역할은 천벌이 내리기 전에 훼손된 신의 명예를 알려주고 이례적 잘못에 대한 "속죄의 때"를 지적하며 불행의 시기를 신도들에게 미리 알려주어 참변(제주)을 막는 데 있다. 따라서 훼손된 "우주의 질서"를 정상으로 복귀시키는 것이 사제의 중대한 임무였다.[11]

이상과 같은 사회조직과 정신하에서 빈자의 권리가 어떻게 보호받고 있는지 살펴보아야 한다.

> 땅 위에 있는 모든 네 발 짐승 가운데서 너희가 먹을 수 있는 동물은 이런 것들이다. 굽이 두 쪽으로 갈라지고 새김질하는 짐승을 먹을 수 있다. … 낙타는 새김질은 하지만 굽이 갈라지지 않았으므로 너희에게 부정不淨한 것이다. … 물에서 사는 것 가운데 지느러미와 비늘이 없는 것은 바다에서 사는 것이든지 개울에서 사는 것이든지 너희에게 더러운 것이다. … 이런 것들이 너희를 부정타게 한다. 이런 것들의 주검을 가지고 다니는 사람은 옷을 빨아 입어야 한다. 그는 저녁때까지 부정하다. … 무엇이든지 그 주검 위에 떨어지면, 나무그릇이든 옷이든 가죽이든 자루든, 사람이 쓰는 모든 물건은 부정을 탄다. 이렇게 부정을 탄 것은 물에 담가야

---

[11] Roger CAILLOIS, *Cases d'un échiquier*, Gallimard 1970, 24에서 인용.

한다. 이런 것은 저녁때까지는 부정하지만 그 뒤에는 정하다. … 이것이 짐승과 새와 물에서 우글거리며 사는 모든 동물과 땅 위를 기어다니는 모든 동물에 관한 규정이다. 이 규정으로 정한 것과 부정한 것이 구별되고, 먹을 수 있는 동물과 먹을 수 없는 동물이 구별된다(레위 11장).

인간은 살기 위해서 먹어야 한다. 그리고 인간이 먹는 것은 생명체의 시체들cadavres이다. 그러므로 생명은 죽음을 제 품안에 안고 있다. 인간의 생명을 보존하는 데 역점을 둔 성법전이 음식물 안에 있는 "죽음의 세력"을 제한하기 위해서 "마술적인 세칙細則"을 둔 것은 이해가 간다. 인간이 섭취하는 모든 음식물은 죽음을 껴안고 있기에, 그 죽음의 세력이 생명보다 강해서는 안된다. 음식물에 관한 레위기의 세밀한 규정들이 단순히 위생적인 조처라고 흔히 의학자들은 말하고 있다. 그러나 이같은 해설은 성법전에 들어 있는 종교적 · 신학적 동기를 간과하고 있다.

그런데 레위기 1-7장에서는 제사에 관한 율법을, 8-10장에서는 사제서품에 관한 의식서를, 11-16장에서는 정결법을 다루고 있으며, 가난한 자에 대해서는 별로 언급이 없다. 그 이유는 우리가 이미 언급한 생명과 죽음이라는, 인간의 근본 문제를 다루고 있기 때문이다. 그러나 예외는 있다. 즉, 빈자가 제사를 드릴 경우 "만일 그에게 작은 짐승 하나라도 마련할 힘이 없다면 자기의 잘못에 대한 벌로 산비둘기 두 마리나 집비둘기 두 마리를 가져다가 한 마리는 속죄제물로 바치고 한 마리는 번제물로 바쳐야 한다"(레위 5,7)고 규정하고 있다. 예수의 양친도 가난한 사람들이어서 율법의 이 규정을 따르고 있다(루가 2,24).

그러나 성법전은 빈자들의 권리를 보호하고 제도적으로 보장하려고 많은 노력을 기울이고 있다. 그 텍스트를 나열하면 아래와 같다.

성법전은 "계약의 법전"·"신명기 법전"과 동일하게 사회의 극빈자들은 생존을 위해서 부자의 추수에서 혜택을 누릴 권리가 있다고 말한다.

너희 땅의 수확을 거두어들일 때 밭에서 모조리 거두어들이지 말라. 거두고 남은 이삭을 줍지 말라. 너희 포도를 속속들이 뒤져 따지 말고 따고 남은 과일을 거두지 말며 가난한 자와 몸붙여 사는 이민자가 따먹도록 남겨놓아라. 나 야훼가 너희 하느님이다(레위 19,9-10).

"나 야훼가 너희 하느님이다"라는 표현은 "빈자의 권리옹호"가 하느님의 권위하에 선포되는 최상 규범이라는 것을 강조하고 있다. 하느님은 "빈자들의 친구"les amis de Dieu이기 때문이다. "빈자들의 권리 요구"의 근거가 되는 원칙은 레위기의 다음 구절에 잘 드러나 있다. "땅은 내것이요, 너희는 나에게 몸붙여 사는 이민자요 식객에 불과하다"(레위 25,23)라고 하느님은 이스라엘과 전인류에게 선언한다. 인간은 결코 땅의 주인이 아니다. 인간은 그 땅을 "관리"하고 "사용"할 뿐이다(창세 2,8.15). 그러므로 온 땅의 창조주이신 하느님이 땅의 유일한 지주라는 것을 인정하는 자만이 "가난한 자의 권리"를 옹호해야 한다는 원칙을 납득할 수 있다. 그리고 하느님은 당신이 주시리라고 약속한 "젖과 꿀이 흐르는 땅"이 낸 소출을 골고루 나누어 가질 것을 요구한다(민수 26,52-56). 따라서 인간으로 등록된 자라면 누구나, 특히 빈자라면 땅의 소출을 나눠 가질 권리가 있는 것이다(민수 26,53; 여호 13-18장; 신명 3,28 참조). 성법전이 다른 법전보다 더 크게 외친 것은 "율법이 분배정의를 위해서 있다"는 것이다.

성법전은 율법의 분배정의 원칙이 위반되었을 경우에 단호히 그 정의가 복구될 것을 요구한다. 그 좋은 예가 레위기 25장에 나와 있다. 동

법전은 분배정의 복구를 "희년"禧年(année du jubilé)의 선포에서 언급하고 있다. 희년은 7×7=49년 다음해, 50년째 되는 해에 선포되었다. 희년이 되면 땅은 그 원주인, 즉 하느님에게 되돌아가야 하고 노예들은 모두 석방되어야 한다(레위 25,8-54). 그러나 "희년" 법제는 실제로 실행되지 않았으며 상인들의 농간질에 희생되었다. 왜냐하면 어떤 농토나 노예를 희년에 가까워질수록 헐값으로 팔 수 있고, 멀어질수록 비싼 값으로 팔 수 있다는 계산이 나오기 때문이다. 또 희년이 가까워지거나 멀어진다는 이유에서 농토와 노예의 착취 기간이 연장 혹은 단축될 수 있다는 결론이 나오기 때문이다. 실상 "희년" 법제가 이스라엘에서 철저히 준수되었다는 증거가 보이지 않는다.[12] 반대로 레위기 25장은 "희년" 규정들 중에 "되사기의 권리" le droit d'achat(속량의 권리: 레위 25,24-34.47-54)를 아주 강조하였고 이 규정은 실제로 적용되었다. 이 권리는 단순히 유토피아적인 규정이 아니었다. 만일 어떤 빈자가 빚을 갚을 길이 없어 자기자신을 팔거나, 혹은 어떤 땅주인이 빚 때문에 조상으로부터 물려받은 농토를 팔았을 경우, 성법전은 그 빈자나 땅주인의 가장 가까운 혈육이 속량贖良할 권리가 있음을 규정한다(욥기 19,25; 이사 41,14; 43,14; 44,6.24; 49,7; 54,5). 빚 때문에 노예가 된 빈자나 토지를 빼앗긴 소농은 이 권리에 따라 자기의 자유나 빼앗긴 농토를 "되사들이게" 되는 것이다. 만일 가장 가까운 친척이 이 속량의 권리를 포기하면 그 다음으로 가까운 친척이 이 권리를 행사하게 된다. 이스라엘은 이 법제를 이웃 백성과는 달리 더 철저하게 적용했다. 그것은 사막의 형제적 유대성에 대한 감성과 출애굽의 체험으로 해서 빈곤화 현상을 적극적으로 막으려고 했기 때문이다.[13]

---

[12] R. de VAUX, L'année jubilaire, *op. cit.*, t.1, 268-70.

율법은 하느님으로부터 분배받고 조상에게서 전해 내려오는 유산인
바, 농토의 지계표地界標를 마음대로 옮기는 것을 "저주"한다(신명 27,17; 잠언
22,28; 23,10; 호세 5,10; 1열왕 21,3 참조). 땅은 하느님이 주신 선물이다. 그러므로
땅의 주인은 하느님이다. 인간은 지주이신 하느님의 토지를 공평하게
나누어 가진 소작인이다. 인간은 땀흘려 그 땅을 개간하고 농사를 지어
그 소출을 공평히 나누어 가진다.

> 내가 그 땅을 주었으니, 너희는 땅을 나누어 가질지어다(민수 33,53; 레위 25,23 참조).

"하느님은 모든 것을 선물로 주시고 인간은 그 선물을 골고루 나누어
가진다." 그러므로 빈자들이 정당한 권리 소유에서 제외되는 것은 인간
의 사악한 이기심의 소산이다. 이것이 성법전에 의한 땅과 그 안의 모
든 자원資源에 대한 분배정의 이론이며, 그 실천인 것이다.

이같은 원칙이 있는 한 이스라엘은 경제적 약자들을 도울 의무가 있다.
성법전은 민중의 가장 비참한 자들인 노예들을 처음부터 적어도 이스라엘
안에서 제거하려는 시도를 레위기 25,44의 선언에서 보여주고 있다.

> 너희는 남종이나 여종을 두려면 너희 주변에 있는 다른 민족들에게서 구
> 해야 한다. 그들에게서 남종과 여종을 사들일 수 있다.

즉, 성법전은 외국인들을 노예로 삼을 수는 있되, 이스라엘 사람이 다
른 이스라엘 사람의 노예가 될 수 없다는 원칙을 내세운 것이다. 이 법

---

[13] S. W. BARON, *Histoire d'Israël, Vie Sociale et Religieuse*, t.1, Paris 1956, 89-97.

제는 실제로 이스라엘인의 노예화를 부인한 것은 아니다. 그런 일이 있으면 현실 여건으로 인정하되 레위기 25,46은 다음과 같은 규정을 내리고 있다. 즉, 그 규정은 현실을 부정하는 이상이다.

> 그러나 너희 형제, 이스라엘의 자손들 … 너희 중 그 누구도 제 형제를 난폭하게 지배하지 말 것이다.

하여튼 성법전은 "인간이 인간을 노예로 삼을 수 없다는 예수의 원칙"에로 향하는 진일보가 아닐 수 없다.

성법전은 근로자 보호에도 다음과 같은 규정을 내린다. 즉, 근로자나 빈자의 권리를 박탈하는 것은 곧장 도둑질하는 일이다.

> 너는 이웃을 착취하여 그에게서 도둑질을 하지 말라. 근로자의 품삯이 다음날 아침까지 네 손에 머물러 있는 일이 없도록 하여라(레위 19,13).

근로자에게 정당한 품삯을 주지 않거나 미루는 것은 "살인행위"라고 이스라엘의 현자들은 부르짖을 것이다(벤 시라 34,25-27; 신명 24,6; 본서 제5장 참조).

그리고 성법전도 계약의 법전(출애 23,10-11)과 마찬가지로 농지 휴한休閑의 안식년에 땅이 낸 소출이 가난한 자의 몫임을 법으로 규정하고 있다(레위 25,1-7.20-22). 이 규정이 성법전 선포 후의 시대에 철저히 적용되었음을 마카베오 상 6,49에서 증거하고 있다.

> 한편 벳술 사람들은 마침 그 해가 그 고장의 "안식년"이어서 농사를 짓지 못했으므로 양식이 떨어져 더이상 버틸 수가 없었다. 그들은 그 도시를

버리고 물러나왔다.

율법을 철저히 지키던 벳술 지방 사람들이 안식년의 휴한 때문에 군량이 떨어져 전투를 할 수 없었다는 것으로 보아, 성법전의 휴한법이 철저히 준수되었음을 알 수 있다. 전쟁의 승패보다 빈자의 권리가 우선한다는 원칙이 뚜렷이 부각된 것이다.

결론: 율법의 의미와 중대성

율법의 규정이 오늘의 우리에게도 유효하고 의미가 있는가 하는 문제는 언제나 제기된 질문이다. 이스라엘의 율법은 오늘의 우리 시대에는 이미 폐기된 "죽은 법"이라는 의견이 압도적이다. 그것은 율법의 규정이 이미 사라진 옛 이스라엘의 문화와 시대적 배경을 전제하고, 고리대금과 이자 거부 등의 율법 규정은 오늘의 기업과 교역의 상황과는 전혀 맞지 않으며, 그것은 가난한 자의 권익옹호를 위한 율법이었지만 가난한 자들은 사회악으로서 상존한다는 것 때문이다. 따라서 율법이 말하는 빈자의 권리는 한갓 지나간 고대 이스라엘이 내세운 이상론에 불과하다는 것이다. 하지만 원수까지 사랑해야 한다는 예수의 보편적인 요구는 유대인의 범주를 초월하여 가난한 자의 권리와 불우 이웃에 대한 보호라는 책임의 범위를 전인류에 확대시켰다. 예수는 율법이나 예언서의 말씀을 없애러 온 것이 아니라 그 말씀을 완성하러 오셨다(마태 5,17). 또한 그분은 역사를 완성시키는 분이시기에 그분이 완성시킨다는 율법에서의 빈자의 권리는 변화하는 사회와 환경 및 시대에도 유효한 규정이 아닐 수 없다. 비록 율법이 규정하는 바 빈자의 권리는 이스라엘이 낳은 성서문학의 양식에 의해 표현된 것이지만 빈자의 권리는 시공을 초월한 권리이기 때문이다. "부익부 빈익빈" 현상과 빈자의 권리는 비록 그 사회적·경제적인 배경은 다르지만 동서고금을 막론하고 유사한 구조analogie de structures를 가지고 있다. 이스라엘의 빈자층과 우리 시대의 가난한 자들의 상황은 "구조적"으로 유사하다. 즉, 빈자들은 경제·사회적으로 소외되고 착취당하며, 부富는 사회의 한쪽으로 편중되어 있다. 이사야가 고발하는 부당한 농지 수용·사채놀이·고리대금 그리고 "외국 자본의 도입"으로 대기업의 노예가 된 오늘의 근로자·농민들은 이스라엘의 근로자와 농민의 처지에 비교해서 큰 차이가 없는 것이다. 다국적기업의 횡포와 부강한 나라들의 경제 침략néocolonialisme에 의해 약소국이 강대국의 경제적 속국으로 전락하는 현상은 예나 지금이나 동일한 현상이다. 율법의 하느님은 이같은 "시스템"을 거부하신다. 성서의 하느님이 원하시는 것은 빈곤화 현상을 초래하는 "경제적 과정"processus économiques을 거부하고 단죄하며, 이같은 "경제적 과정"의 희생자들인 빈자들을 전적으로 옹호하신다. 그러므로 율법이 시도하는 빈자 권리의 주창은 빈곤화를 막고자 하는 전형적 표본이다. 성서는 따라서 빈자의 옹호를 우리 시대에도 법제화할 것을 요구하며, 그 법제는 국내적 차원에서뿐 아니라 국제적 차원에서까지 실시될 것을 요구하고 있다.

빈자를 옹호하는 성서의 율법 조항들은 실제로 이스라엘의 빈곤화 현상을 막는 데 성공을 거둔 것은 아니다. 경제원리는 율법의 이상인 "빈자들의 부재"(신명 15,4)를 실현시키지도 못했으며, 율법의 명령대로 움직인 것도 아니다. 흔히 빈자의 보호와 권리는 "죽은 글자"로 남아 있기가

일쑤였다. 그러므로 많은 법제들이 반드시 실제적인 효과를 거두는 것을 의미하지는 않는다. 흔히 법제가 그 의도한 바를 달성하는 길은 기존 질서에 맞는 법 적용의 효과적인 과정에 의존하는 데 있다. 이때 법 제정은 기존 사회의 요구에 응답하게 되므로 실효를 거둘 수 있게 된다. 그렇지 못하면 법적인 기존 결정론을 전복시킬 수 있는 "새 구조"를 마련해야 하는 것이다. 이 새 구조를 위한 법정신 운동이 가능해질 때 사회의 분위기는 새로운 법제를 받아들인다. 그래서 성서의 율법은 반드시 실패만은 아니었다. 빈자의 권익옹호는 출애굽의 체험에서 유래한 이스라엘의 기존 질서 위에 의존하고 있다. 빈자personae miserabiles들에 대한 권익옹호라는 고대 이스라엘 사제들의 윤리적 원칙이 강력하게 율법에 나타난 것은 출애굽 체험이 낳은 신학적 기초 위에 의존하고 있다. 야훼는 이스라엘을 에집트의 노예생활에서 해방시킴으로써 "하느님의 백성"이라는 이스라엘을 탄생시켰다. 따라서 에집트에서의 해방은 이스라엘의 지울 수 없는 특성이다. 이스라엘이 에집트에서 노예였고 가난했다는 이유 때문에 이스라엘 안에 있는 빈자들을 해방시켜야 하며, 이 해방의 역사役事는 이스라엘이 자신의 특성과 독창성을 유지하는 유일한 길이다. 그러므로 빈자들의 권리옹호를 중대시하는 이스라엘의 사회윤리는 모세적 종교의 핵심이 된 것이다. 이스라엘은 역사가 흐름에 따라, 즉 기원전 12세기의 "계약의 법전"·기원전 8세기의 "신명기 법전"·기원전 6세기의 "성법전"의 발전 과정에서 빈자의 권리옹호에 대한 내용을 심화시키고 풍요케 했다. 이제 이스라엘의 사회윤리social ethics는 역사의 경험 안에서 "감사의 윤리"an ethic of gratitude로 발전된 것이다. 출애굽은 해방하시는 하느님의 은혜이고, 그 해방은 인류의 역사가 끝날 때까지 계속되는 하느님의 역사役事이다. 이스라엘과 새 이스라엘(교회)

은 빈자들을 해방시켜 줌으로써 해방해 주시는 하느님께 대한 "감사"를 행동으로 표현하게 되는 것이다. 그리고 이스라엘 사회윤리의 본질은 그 법제의 개별적인 세칙에서 찾을 것이 아니다. 즉, "이스라엘은 무엇을 해야 하고 무엇을 하지 말아야 하는가?"라는 질문이 중대한 것이 아니다. 이같은 세칙으로 구성된 비슷한 법전은 고대 에집트를 위시한 고대 근동의 모든 법전이나 지혜문학에도 나타나고 있다. 이스라엘 사회윤리의 본질은 각 세칙을 하나로 묶어 주는 신학적 틀framework인 바 "탈출애굽의 체험"에 들어 있다. 따라서 그리스도교 사회윤리도 구약의 사회적 율법 규정을 우리 시대에 적용하되 그 신학적 뼈대인 "에집트에서의 해방"과 연결시켜야 한다. 또한 새로운 탈출애굽의 신비인 예수의 죽음과 부활이라는 "파스카"의 "신학적 틀"에 의존해야 한다. 그렇지 않으면 구약과 신약의 사회윤리는 문명화된 모든 사회 안에서도 발견되는 인도적인 일반윤리로 전락되기 때문이다. 빈자 보호에 대한 율법 규정은 출애굽의 체험이 낳은 이스라엘의 기존 질서에 의지했기 때문에, 안식일·희년·안식년의 노예해방, 3년마다의 십일조 등이 사실 이스라엘 안에서 어느 정도 실효를 거두었다고 봄이 타당하다.

"선의의 압력단체"로서 다음 장에서 볼 예언자들의 외침은 빈자들의 권리가 새 구조 안에서 실현되는 환경을 마련했다. 그 구체적인 사례가 느헤미야가 서둔 노예해방과 노예들의 재산 복구에서 나타난다. 느헤미야는 "민중의 불평"(느헤 5,1-5)에 답하기 위해 빚 탕감 및 노예해방의 법령을 실현할 수 있었다(5,6-13 참조). 그러므로 출애굽의 해방은 "빈자 권리"에 대한 요구의 정신이요, 예언자적 사회윤리의 원동력이 아닐 수 없다. 제2 이사야는 출애굽과 새 출애굽 — 바빌론 노예생활에서 팔레스티나에로의 귀환 — 의 정신을 이렇게 선포한다.

내가 기뻐하는 단식은 바로 이런 것이다. 억울하게 묶인 이를 끌러주고, 멍에를 풀어주는 것, 압제받는 이들을 해방하고 모든 멍에를 부수어 버리는 것이다. 네가 먹을 것을 굶주린 이에게 나눠 주는 것, 떠돌며 고생하는 사람을 집에 맞아들이고 헐벗은 사람을 입혀 주며, 제 골육을 모른 체 하지 않는 것이다(이사 58,6-8: 1,10-17: 즈가 7,6-11 참조).

따라서 출애굽의 정신은 율법주의적인 것도 아니요 정적靜的인 법률이 아닙니다. 탈출과 해방의 역사는 오늘날에도 실현되어야 할 신화요, 현실성을 지니고 있는 것이다. 에집트에서의 해방으로부터 가나안 땅의 정복에 이르는 움직임은 비인간적인 빈곤화와 비참한 인간조건 및 노동조건에 시달리는 사회에서 좀더 인간적이요 노동의 결실을 골고루 나누어 가지는 정의의 사회로 발전하기 위한 이념이 아닐 수 없다. 야훼는 가나안 땅에서 바알들을 제거하고 그곳에 정착한 이스라엘에게 젖과 꿀이 흐르는 땅을 주셨다. 그러므로 야훼만이 약속된 땅의 주인이시다. 땅을 선물로 주시는 이도 야훼요(창세 12,7; 출애 3,8; 32,13; 레위 20,24; 25,2; 신명 7,13; 8,10; 1열왕 8,34.37.40; 2역대 20,11), 땅의 소출 ― 노동의 결실 ― 도 야훼님이 주신다(호세 2,10-11.16-25). 이제 그 약속된 땅은 "온누리"를 포함한다(신명 10,14; 이사 42,5; 시편 24,1). "땅도 주님의 것이요 그 안에 가득히 있는 것도 다 주님의 것입니다"(1고린 10,26; 시편 24,1; 50,10-12; 89,12; 이사 66,1-2)라는 사도 바울로의 선언은 우리 시대에도 해당하는 성서적 진리이다. 그러므로 하느님이 주시기로 약속한 땅(온누리)과 그 땅을 경작하여 얻은 노동의 결실은 골고루 나누어 가져야 할 신의 선물이다. 하느님은 이 땅을 인간에게 골고루 나눠 주셨으므로(민수 26,52-56), 인간이라면 누구나 나눠 가질 권리가 있는 것이다. 여기 율법이 빈자들의 권리를 주장하게 되는 근원이 있으며,

율법이 근본적으로 분배정의를 위해서 있다고 말할 수 있는 이유가 있다. 예언자들의 외침은 모세의 율법이 이미 이스라엘에게 요구한 빈자의 권리옹호를 웅변으로 설교하고 있을 뿐이다.

제4장

예언자는 가난한 사람들의 대변인

예언자들은 누구인가?

비신앙인들까지도 이스라엘의 예언자들이 인류 정신문화의 유산에 끼친 영향에 대해서 경탄해 마지않는다. 프랑스의 동양학자 르낭Renan도 말했던 것처럼 서구문화를 구성하는 세 가지 "섭리적인 요소"가 있다면, 첫째로 인간 이성의 발전에 봉사한 헬레니즘의 논리와 이성주의, 둘째로 인간의 법적 위격persona legalis을 부각시킨 로마의 법정신, 셋째로 양심선언과 정의의 도래를 예언한 예루살렘 예언자들의 사상이 바로 그것이라고 말할 수 있다. 무신론자들까지도 예언자들을 사회주의의 선구자들로 여겨(K. Marx, G. Le Bon 참조) 그들의 사상을 받아들이고 예언자들의 "메시아니즘"을 "발전의 이론"으로 해석하기까지 한다(H. Berr 참조).

그러나 계시의 핵심이라 할 예언자들의 사상이 "속적俗的인 관점"에서 이해될 수는 없다. 그들의 설교는 "야훼께서 이렇게 말씀하신다"라는 신神중심주의théocentrisme 안에서만 이해될 수 있으며, 또한 그것은 그들의 원초적인 신神체험의 내밀한 "자기의식"이 낳은 결과이다. 그들이 신탁을 발설할 때마다 "야훼께서 이렇게 말씀하신다"(ko 'amar Yahve)라고 계속해서 반복하는 이유는 그것이 자기네의 속마음과 개인적 확신을 말하는 것이 아니라 아브라함과 이스라엘의 "하느님의 관점"을 선포하였기 때문이다. 그들이 정치·사회 생활이나 군사문제, 심지어는 유행을 따르는 의복문제(이사 3,16-24; 22,8-11 등)와 같은 "속적인 일"profane에까지 개입한 것은 그들이 이 문제들에 관해 반드시 전문가적인 안목을 가지고 있었기 때문은 아니다. 그들의 첫 증언들은 "성"聖을 제외한 "속"俗이 독립해서 따로 있을 수 없다는 확신을 담고 있다. 우리는 이사야나 예레미야가 추천한 정치 노선이 과연 효과적이었던가라는 의문을 제기할 수도 있다.[1] 그러나 그들이 정치·사회의 제 문제에 개입했다면, 그것은 이스라엘의 모든 문제들이 "하느님의 계획"(아모 3,7), "그분의 조언"(이사 19,12)을 떠나서 독립적으로 해결될 수는 없다는 확신 때문이었다. "하느님의 관점"이야말로 예언자들의 사상을 평가하는 가장 근원적인 척도이다.

예언문학은 구약성서의 심장부에 자리잡고 있다고 했다.[2] 예언자들은 이스라엘 전승의 계승자들로서 기원전 9세기에서 4세기까지의 시대에 그 전승을 유지하고 발전시켰으며 "유다이즘"에 그 전승을 풍요케 하여 전해준 인물들이다. 그들은 모세 시대에 이미 그 꼴을 갖춘 "윤리적인 유일신 사상"의 본질적인 요소를 스스로 생활화하고 풍요케 했던 창조적인 사람들이었다. 그들은 전승에 충실하되, 동시에 전승의 본질적인 요소를 밝히고 그 본질을 자신의 생활 안에서 실천했기에, "건설적인 신비가"les mystiques constructeurs들이라 부를 수 있다. 이스라엘의 예언자들은

---

[1] R. MARTIN-ACHARD, Isaïe et Jérémie face aux problèmes politiques, *RHPR*, 1967, 208-24; C. J. LABUSCHAGNE, *Schriftprofecie en volksideologie*, Nijkerk 1968.

[2] O. KAISER, *Wort des Propheten und Wort Gottes*, Fest. Weiser, Göttingen 1963, 75-92; R. RENDTORFF, Tradition und Prophetie, *Theol. Viat.*, 8, 1961~1962, 216-26; R. E. CLEMENTS, *The Conscience of the Nation. A Study of the Early Israelite Prophecy*, Oxford 1967.

자기네가 알고 있는 것을 남에 앞장서서 실천했기 때문에, 그들의 외침은 동시대 사람들에게 설득력을 가졌으며, 오늘날의 사람들에게도 큰 영향력을 발휘하고 있는 것이다.

예언자들은 모세 신앙의 대변인, "영靈의 인간"으로서 하느님의 권위를 자신들의 메시지에 담았다. 그들은 신의 메시지를 "육화"시켰으며 (요한 1,14 참조) 동시에 그 메시지를 하나의 예언문학으로서 "양식화"했다. 말씀은 하느님의 선물이다. 또한 예언자들이 점차적으로 발견한 "신의 말씀"은 시간이 흐름에 따라 심화되고 새로운 방향을 잡게 되었다. 하여 그들의 메시지를 이해하는 지름길은 시간의 흐름 속에 천천히 내리는 "말씀의 연장"과 "반복"을, 고뇌 속에 허덕이던 이스라엘 민중의 구체적인 역사 안에서 찾는 작업이다. 이때 역사의 발전과 병행하는 예언자의 메시지는 그리스도교 신앙의 참된 종교로 인도하는 "상승"l'ascension이요 참된 "가르침"이란 것을 알게 된다.

그러므로 예언자들은 인류의 양심을 교육한 "스승들"이며, 역사 안에서의 신의 계획을 계시하고 해설한 "정신적 지도자들"이었다. 그들이 주님이시요 창조자이신 하느님에 대한 신앙을 보존하고, 또한 메시아를 열정적으로 기다린다는 것은 "양심"과 "정의"에 대한 정열을 가졌기 때문이었다. 철학자 베르그송H. Bergson이 종교 현상의 원천을 파헤치려고 노력하면서 예언자들을 그리스도교로 인도하는 활동적 신비주의mysticisme agissant의 선구자들로 본 것은 당연한 것이었다. 유다이즘을 뒤이은 그리스도교가 세계 정복에 매진하는 유력한 활동적 신비사상을 지닐 수 있었던 것은 이스라엘의 예언자들에 힘입은 바가 크다.[3]

---

[3] H. BERGSON, *Les deux sources de la Morale et de la Religion*, Paris 1962.

예언자들의 그리스도교 신학에 대한 공로는 지대하다.[4] 아브라함과 이스라엘, 그리고 예수 그리스도의 하느님께서는 유일하고 영성적인 존재이며, 초월자·전능자·정의로운 분·선량한 분·가까이 계시는 분(임마누엘)이란 것을 우리는 그들을 통해 더 깊이 알게 되었다. 그들은 죄와 은총의 신비, 신이 내리는 상벌의 본질을 밝혔다. 예언자들은 또한 구원의 공동체가 기다리는 인격주의personalisme를 발전시켰으며[5] 인격의 존엄성과 공동체 성원간의 긴장을 해소시켰다(예레 31,31-34 참조).

그러나 예언자들은 기존 질서를 전복시키려는 "혁명가들"은 아니었다. 그들은 윤리가倫理家들로서 "가난한 사람들"에게 끊임없는 관심을 보이며 민중을 정열적으로 옹호하고 그들의 원한을 복수해 주는 "하느님의 관점"을 대변한 사람들이라고 말해야 옳다(아모 9,9 이하; 2열왕 25,12 참조). 그들은 윤리의 원천에까지 파고든 사람들이었고, 또한 윤리가 인간 "마음"의 소산이라고 밝혔다. "정의"를 실천하고 이웃에게 따뜻한 "우애"를 베풀며 하느님과 함께 "겸손되이" 인생을 걸어가는 것이 윤리생활의 근간이라고 그들은 외쳤다. 아모스의 "정의"와 호세아의 "사랑"과 "마음의 회개"를 외친 예레미야, 그리고 "겸손"을 표방한 이사야의 인륜人倫은 기원전 8세기 예언자 미가(6,8)에 와서 "인간의 길"(M. Buber 참조)로 종합된 것이다.

예언자들은 윤리가의 입장에서 인간의 죄를 고발했다. 그들이 동시대인들의 죄악을 매우 어둡게 묘사한 것은 정열적인 설교가들이었기 때문이다. 인간 안에 있는 것은 모두가 하느님과의 관계를 부패시키고 있다고 예레미야(13,23)와 에제키엘(16,30)은 단언하고 있다. 그러나 이 두 예언

---

[4] C. J. LABUSCHAGNE, *The Incomparability of Yahweh in the Old Testament*, Leiden 1966 참조.

[5] Emmanuel MOUNIER, *Le personnalisme*, Paris 1965.

자들은 어둡게 묘사된 "인간의 악"에서 은총을 발견했다. 신은 그와의 관계를 새롭게 할 "새 마음"을 인간에게 주실 것이기 때문이다(예레 24,7; 32,39; 에제 36,26 이하). 예언자들은 "신의 영역"le milieu divin 안에서 낙관주의에 젖은 사람들이다. 그들은 정의와 윤리가 이승에서 지배하는 그 "승리의 날"을 믿고 고대했다. 정의와 도덕은 "하느님의 계획"이며, 하느님은 정의와 도덕이 승리하는 세상을 이룩할 권능을 가지신 분이기 때문이다. 예언자들은 자기네 생활에서 이같은 이상을 앞장서서 실천하기 시작했다.

그러므로 예언자들은 그 시대가 낳은 인물들로서 이스라엘의 "사회문제"에 대해 반응을 보였으며, 다음으로 양심을 일깨우는 "교육가"들로서 처신했고, 마지막으로 빈자들에게 "희망"이 있다고 예언한 자들이었다. 그들은 자신들이 살고 있는 사회의 부정부패에 대단히 민감했으며, 하느님의 뜻은 인간적인 관점과 전혀 차원이 다르다는 것을 드높이 외쳤고, 불의의 상황을 바꿀 수 있는 당시 지도층의 무관심을 고발했으며, 드디어는 하느님 앞에서 스스로가 가난하다고 여기는 모든 이들의 시선을 "정의의 미래"로 돌리게 했던 것이다.

시대의 인물들

예언자들은 이스라엘의 역사에서 분리될 수 없는 인물들이다. 또한 성서적 예언 현상은 고대 근동의 예언 현상 안에 깊이 뿌리를 내리고 있다.[6] 따라서 성서의 예언자들은 이스라엘 역사의 상고 시대부터 출현한 인물

---

[6] G. 포레르, 「구약성서 예언자들에 관한 새로운 연구 소재」, 『신학전망』 24 (1974), 113-39.

들이 아닐 수 없다. 아브라함이 "예언자"(창세 20,7)라고 불리는 것은 성서의 후대 전승이 그렇게 한 것이요, 모세가 "가장 탁월한 예언자"로 불려지는 것(신명 18,15)도 신명기 전승이 부언한 것이다. 성서의 정보에 따르면 사무엘 시대에 와서 가나안 사람들의 "예언자 길드" — 그들은 "탈혼한 무리"들이었다 — 처럼 이스라엘 안에서도 어떤 예언자들은 무리를 지어 성소를 중심으로 살고 있었다(1열왕 18,20-40). 그러나 성서적 예언자들은 "실신의 상태"에 빠진 가나안의 "직업적 예언자들의 무리"prophète extatique 와는 엄연히 구별된다. 아모스 7,14는 소명을 받은 예언자가 가나안의 "예언자 길드"의 "샤먼적"인 예언자와 엄격히 구별된다는 것을 증언한다. 그리고 신의 소명을 받은 성서적 예언자들은 위에서 누차 역설한 대로 종교적 전망 안에서 이스라엘의 정치·사회 문제에 개입하였다.[7] 기원전 10세기의 솔로몬, 기원전 9세기의 아합 왕 치하의 아히야(1열왕 11,26-40)와 엘리야(1열왕 17-22장)는 왕의 정권에 무섭게 도전하는 예언자들이었으며 국왕의 정치 노선을 꺾으려 했던 것이다. 그러니 기원전 8세기에 와서 이스라엘에는 거성巨星과도 같은 예언자들이 속출하였다. 성서는 자기네의 증언을 문헌으로 남긴 소위 "작가예언자"들prophètes écrivains의 말씀을 수록하였다. 아모스·호세아·이사야·미가 등이 기원전 8세기에 출현했으며, 스바니야·나훔·하바꾹·예레미야가 기원전 7세기에 등장했고, 유배 시대(기원전 6세기) 초기에 에제키엘이, 그리고 말기에는 제2 이사야(이사 40-55장: 무명 저자)가 나타났으며, 유배 시대 이후에는 하깨·즈가리

---

[7] 예언자들의 정치관에 대해서 P. E. DION, Le rôle de la foi yahviste dans la vie politique d'Israël, *Science et Esprit* 26 (1974), 174-86; S. AMSLER, Les Prophètes et la Politique, *Revue de théologie et de philosophie* 23 (1973), 14-31; H. CAZELLES, Bible et politique, *RSR* 59 (1971), 497-530; 서인석, 「예언자들의 정치관」, 『사목』 40 (1975), 114-28.

야·오바디야·제3 이사야(이사 56-66장: 무명 저자)·요나·말라기 등의 예언자들이 출현했다. 이 예언자들은 그 시대가 낳은 인물들로서, 마카베오 시대(1마카 4,46; 9,27; 14,41; 시편 74,9)에 와서 예언자들의 목소리가 비극적인 "침묵"으로 끝날 때까지, 동시대의 이스라엘이 자기에게 고유한 사막의 이상을 저버릴 때마다 분연히 일어나 경고하고 외쳤던 것이다. 예언자들은 왕들이 이스라엘 자유농민의 — 원칙적으로 하느님에게만 속하던 — 땅을 몰수하거나 거래를 통하여 모조리 차지하여 대지주들로 변모하는 등의 작태를 비판하였고, 또한 국왕의 사역使役·과세 등 온갖 종류의 사기와 고리대부로 인해 사회에 빈자의 수가 날로 증가하고 드디어는 그들이 노예로 전락하는 현상에 대해서도 준엄한 비판과 독설을 주저하지 않았다. 그들은 또한 칼과 창 등의 무력에만 의지하는 당시 왕들의 외정外政도 가차없이 비판했다. 경제적 무질서와 사회적 혼란 속에서 예언자들은 "신명기 개혁"(본서 제3장 참조)이 무색할 정도의 과단성과 용기를 가지고 소외되고 천대받던 빈자층의 옹호자로 나섰다.[8] 이사야나 스바니야 혹은 예레미야처럼 예언자들은 당시 사회의 지도층에 속하거나 귀족들이었으므로, 자기네 계급의 부정부패를 고발한다는 그 사실 자체가 이미 시대 혼란의 징표signum temporis가 되었던 것이다. "특권층에 속하던 뛰어난 지식인들이 가장 소외된 계층의 입장을 옹호한다는 현상은 그때와 그 이후 시대에도 흔히 기성체제의 파멸을 예고한다"[9]고 볼 수 있다. 뿐만 아니라 예언자들에게 "사회불의는 야훼 심판 도래의 주된 이유"로 비쳤다.[10]

---

[8] H. Eberhard von WALDOW는 그의 논문 Social Responsibility and Social Structure in Early Israel, *CBQ* 32 (1970), 182-204에서 사회문제에 대한 사제와 예언자의 각각 다른 반응을 밝혔다.

[9] S. W. BARON, *Histoire d'Israël, vie sociale et religieuse*, Paris 1956, 115.

[10] H. Eberhard von WALDOW, 상기 논문, 203.

사람들이 흔히 추정하듯이 "성서적 예언자는 미래를 점치는 예언자 foreteller"가 아니다. 흔히 우리말에서 예언자라고 하면 "미래의 일을 미리 말하는 자"(이희승 편, 국어대사전)를 의미한다. 그러나 성서적 언어에서 "예언자"의 기능은 하느님의 계획과 백성의 생활을 연결시켜 주는 "대화"를 가능케 한다는 더 큰 기능의 일부분에 불과하다. 히브리어는 예언자를 "나비"nabi'라고 부르는데, 어떤 이는 이 말이 동사 "부글부글 끓다" 혹은 "말하다"에서 온 명사라 하고 또한 대부분 학자들은 동사 "부르다"에서 왔다고 한다. 그 어원에 대한 가설은 각양각색이지만 신학적으로 볼 때 예언자들은 "말하기 위해서" "불림(召命)을 받은 자"들이라고 해야 할 것이다. 예언자들이 내적으로 "부글부글 끓고 있다"는 것도 사실이니, 그것은 하느님의 말씀을 받고서 그들이 침묵할 수 없으며(아모 3,8), 또한 말씀이 그들 안에서 "뼛속에 갇혀 훨훨 타오르는 불" 같았기(예레 20,9) 때문이다. 70인역은 히브리어 *nabi'*를 예외없이 *prophétès*로 옮기고 있다. 이 그리스어 단어는 "말하는 자"를 의미하는 "*phétès*"에서 왔다. 그런데 한 가지 분명한 것은 전치사 "*pro*"가 반드시 시간적 의미를 가지고 있지는 않다는 것이다. 따라서 "예언자"*prophétès*의 뜻은 반드시 "미리 말하는 자"일 필요는 없다. 어떤 이는 "*pro*"가 "대체"代替의 뜻이 있으므로, *prophétès*는 "하느님을 대신해서 말하는 자"라고 해석하기도 한다. 또 어떤 이는 "*pro*"가 "장소"의 뜻을 지니고 있으니, 예언자는 "백성 앞에서 말하는 자"란 것이다. 어원 해석에서 여러 가지 이견이 있으나 신학적으로는 모두가 의견이 일치하고 있다. 즉, 예언자는 "백성 앞에서"[11] "하느님의 이름으로"[12] "말하는" 자이다.

예언자들은 자기네가 속해 있던 시대의 투쟁과 동시대의 사회문제에 깊이 개입하였고 전력투구했다. 그렇다고 해서 그들이 반드시 "사회주의자"들은 아니다.[13] 따라서 사회 부조리에 대한 예언자들의 비판과 항거를 현대인의 정치적·감정적 색깔로 채색할 수는 없다. 그들이 비판을 통해 당시 이스라엘 지도계급에 촉구한 정의는 오로지 하느님의 뜻에 의거하여 주창한 것에 불과하다. 또 예언자들이 부르짖는 사회정의는 결코 유물사관에 의해서 해석될 수도 없다. 그들은 사회·경제적 제도가 산출한 계급의 등장에 부수해서 정의를 외쳤고, 또한 그들의 고발이 계급투쟁을 유발시킨 원인이 되고 있는 양 이해해서도 안된다. 예언자들은 자기 시대의 상황과 사회 부조리에 항거하고 투쟁을 벌였으나 그것이 곧 예언자의 출현 동기나 이유는 아니었다. 그들의 사회적 신분은 프롤레타리아에 속하지 않았고 부르주아 계급에 속했다. 그들은 계급의식에서 사회적 긴장을 조성하거나 프롤레타리아에 편들어 중산계층 bourgeoisie에 집단적인 대항을 하여 "계급투쟁"을 전개한 일도 없었다. 이사야가 기대하던 바는 프롤레타리아의 독재가 아니라 당시의 지배계급이 "회개하여" 국가를 바로잡는 것이었다(이사 1,26-27 참조). 지배계급을 타도한다고 해서 이상국가가 서기는 고사하고 무정부 상태를 초래할 뿐이며 그같은 상태는 하느님의 심판이 가져오는 결과이다(이사 3,1-9 참조). 따라서 예언자들은 현대인이 말하는 근본주의자도 혁명가들도 아니다.[14]

---

[11] 예언자들은 흔히 백성이나 군중이 모이는 성전에서 신탁을 발설하고 설교했다. 아모스는 베델 성전에서 설교했고(아모 7,10-17), 이사야는 히즈키야 왕의 공식 대변인으로서 백성을 대했으며(이사 36-39장; 2열왕 18,13 - 20,19), 예레미야도 군중이 모이는 성전에서 신탁을 선포했다(예레 7,1-15).

[12] 예언자들이 하느님의 이름으로 설교했다는 확신은 "야훼께서 이렇게 말씀하셨다"라는 표현에 잘 드러나 있다.

[13] R. TOURNAY, *R.B.* (1958), 610-2.

[14] E. JACOB, Les prophètes bibliques sont – ils des révolutionaires ou des conservateurs?, *Christianisme Social* LXX, 5-6 (mai-juin 1963), 287-97.

예언자들이 사회문제에 관심을 기울인 것은 다음과 같은 이유 때문이었다. 즉, "그들이 자기 시대의 역사적 현실에 민감한 반응을 보이고 투신하지 않을 수 없었던 것은 '심판자요 해방자이며 구속자' Judex, Liberator et Redempror이신 하느님의 뜻에 전적으로 복속服屬하지 않을 수 없었기 때문이다. 그리고 — 하느님의 뜻은 그 어떤 타협도 인정하지 않았으므로 — 하느님께서 이스라엘에게 요구한 '삶'과 가나안의 자연종교와의 타협이 낳은 '삶' 사이에 커다란 격차가 있음을 예언자들은 그 누구보다도 뼈저리게 느꼈기 때문이다".[15] 예언자들의 투쟁은 성서로 하여금 "사회적 권리의 요구"le livre des grandes revendications sociales[16]를 주창하는 책이라고 이해케 하지만, 실상 그들의 투쟁은 하느님의 계시(율법)가 이미 요구한 사회정의의 투쟁을 계승하고 있을 뿐이다.

양심을 일깨우는 자들

지도자들에 대한 비판

예언자들은 당대의 지도층을 타도하고 자기네들이 정권을 잡겠다고 한 적은 한번도 없다. 그들은 정치인들이 아니었다. 그들이 지도층에 요구한 것은 종교를 정치에 예속하는 일이 없도록 처신하는 것이었다. 그러한 사태가 발생하면 감연히 일어나서 준엄하게 나무랐고 하느님의 이름으로 단죄하였다. 따라서 종교의 대변인이 국가체제나 이데올로기

---

[15] N. W. PORTEOUS, The Basis of the Ethical Teaching of the Prophets, *Studies in Old Testament Prophecy*, New York 1950, 143-56.

[16] L. RAMLOT, Prophetisme, *SDB* VIII (1971), 1099-104.

의 "후견인" 노릇 하는 것을(아모 7,10-17) 단죄했음은 말할 나위도 없다. 정치행동과 신앙행위는 그 차원이 엄연히 다르기 때문이다. 그러나 종교와 종교인은 정치 영역과 한 국가사회 안에 살고 있다. 그래서 예언자들은 자기네가 정치인이나 국가체제의 후견인으로 나서기를 기피하는 대신, 정치행동에 적극적인 지침을 제시한다. 이사야가 아하스 왕더러 군사력이나 외교정책에 의지하느니보다 야훼께 신앙을 가지라고 요구했듯이(이사 7,1-9), 예언자들은 정치인들이 "신앙하는 정치인"glaubende Politiker으로서 처신하기를 당부하였다. 이런 의미에서 신앙 또는 종교는 정치와 사회 참여에서 분리될 수가 없다. 신앙하는 정치인이라면 정치라는 부면에서만이 아니라 그의 전체 생활에서 신앙인답게 처신하고 결단할 것이며, 따라서 정치·국가 문제에도 신앙인의 양심과 책임감을 가지고 임할 것이다. 신앙이나 신을 도외시하는 정치인은 스스로의 힘에만 의존하고 오만불손하게 처신한다(이사 10,5-15). 모든 전체주의 혹은 독재국가의 근본 악은 신의 존재를 조직적으로 파괴하려는 반신앙에 있다. 신을 배척하는 무無신앙 또는 반反신앙은 한 분 하느님의 모상으로 지음을 받은 인간의 품위를 떨어뜨리기 때문이다.

그러므로 예언자들이 사회도덕의 전반적인 부패와 당시의 정권 장악자들·사직당국·사제단의 불의를 고발한 것은 자기네가 새 정권을 수립하여 정치인·판관 사제들이 되는 것에 목적을 둔 행위라고 말할 수 없다. 그들은 야당opposition을 조직한 적도 없다. 그들이 사상 유례를 찾아볼 수 없을 정도로 독설을 퍼부은 부류는 하느님과 맺은 계약을 무시하거나 그 계약의 아들들이 하느님 앞에 동등한 권리와 의무가 있다는 사실을 부인하는 자들이면 모두가 해당되었다. 그러므로 지도층뿐 아니라 작고 가난한 자들도 예언자들의 비판에서 제외된 것이 아니었다.

예언자들이 가장 참을 수 없었던 사회 분위기는 마치 독초처럼 전全 사회에 만연한 불신풍조였다. 아무도 이웃을 믿을 수 없고 "저마다 자기 형제를 그물로 사냥하며", "음모와 배은망덕"이 도처에 자리잡은 사회 분위기였다. 미가의 다음 구절은 당시 사회 분위기를 잘 반영시켜 주고 있다.

> 이 나라 안에는 성실한 사람이 멸망하여
> 사람들 가운데 의인義人이라고는 하나도 없도다.
> 모두가 피흘리게 하려고 잠복하여
> 저마다 자기 형제를 그물로 사냥하고 있으니
> 그들은 민첩하게 손을 놀려 악을 행하고
> 왕자나 판관도 선善을 한답시고 뇌물을 요구하며
> 명사名士도 자기 욕심을 채우려고 설교한다.
> 그들 중 가장 낫다는 자가 가시덤불 같고
> 의인이란 자가 가시울타리보다 더 악질이다.
> 너희는 네 이웃을 믿지 말고
> 절친한 친구도 신뢰하지 말아라.
> 너와 잠자리를 함께하는 여자에게도
> 네 입을 조심하여라.
> 아들이 아버지를 미친 사람 취급하고
> 딸이 어머니에게 대들며
> 며느리가 시어머니에게 대들기 때문이니
> 사람마다 그 원수가 집안 사람이다(미가 7.2-6).

미가와 호세아의 시대에 암살은 정권을 쟁취하는 통상적인 수단이 되었다(호세 7,3-7). 이로 미루어보건대 사회의 불신풍조와 숨막히는 불의는 그 시대에 와서 절정에 달한 것 같다.[17] 그러나 한 세기 후의 스바니야도 동시대인들을 "가나안의 악덕 상인들"(스바 1,11)에 비유했고, 하바꾹은 그들에게서 "약탈과 폭행"(하바 1,3)만을 보았다. 또한 예레미야는 백성 전체가 "반역의 무리"이며, 세상은 "악행에 악행을 더하고, 폭력행위와 사기치는 일만이 꼬리를 무는 세상으로" 변했다고 한탄한다(예레 9,4-8 참조). 실상 가나안 정착과 도시문화와 왕정체제의 수립은 각자로 하여금 자기만을 생각하는 이기주의를 낳았던 것이다. 그때문에 예루살렘의 귀부인들은 유행의 첨단을 걷는답시고 "발목에 방울을 달고 잘랑잘랑 소리나 내며 이리저리 꼬리치고 다니고"(이사 3,16), 귀족과 고관들은 "밤새도록 술이나 퍼마시는" 향락주의자들이 된 것이다(이사 5,11 참조). 하여 당시의 사회풍조는 상부상조나 부의 공평분배, 형제애를 완전히 도외시했다. 이스라엘은 이기주의로 해서 모두가 평등한 "하나의 백성"·"하나의 공동체"가 되어야 한다는 사명을 저버린 것이다. 반대로 "나라 안의 사람들은 폭력만 쓰고 약탈을 일삼고, 불행하고 가난한 사람들을 착취하며, 이민자들의 권리를 빼앗으며 학대하였다"(에제 22,29 참조). 부정과 부패는 온 나라와 백성 전체에 만연하였다.

그러나 예언자들은 지도자들의 부패와 부정을 더 악질적인 죄악으로 여겼다. 그것은 지도자들이 자기네의 본질적인 사명을 배반했기 때문이다.

본연의 사명을 저버린 당시의 지도자들을 스바니야는 다음과 같이 묘사하고 있다.

---

[17] J. BRIGHT, *A History of Israel*, Philadelphia 1974, 256-63에 자세한 시대 분석이 제시되어 있다.

> 고관들은 그 한가운데서 으르렁거리는 사자요
> 판관들은 아침에 먹은 뼈 하나 남기지 않는 저녁 이리이며
> 예언자들은 경솔하고 속이는 자들이요
> 사제들은 성소를 더럽히고 율법을 어기는도다(스바 3,3-4).

예루살렘의 지도급 인사들은 민중의 권익옹호는커녕 약육강식을 일삼는 사자요, 판관들은 빈민을 착취하는 저녁녘의 이리떼에 비유된다. 그리고 사회의 목탁이 되어야 할 예언자는 무책임하고 어용적인 예언을 하며,[18] 사제들 또한 "거룩함"을 외면하고 하느님의 가르침을 배신하고 있다. 스바니야는 당시의 지도계층 전체를 위의 신탁에서 고발하고 있는 것이다.

왕과 고관과 판관들의 의무는 주로 나라의 부를 공평하게 나누는 일에 있으며, 강자가 경제적으로 약한 자를 착취하는 일이 없도록 보살피는 데 있다. 그들은 "작고 빈곤에 허덕이는 자들"이 흔히 가난에 쪼달리다 보면 상부상조의 법을 쉽게 잊기 때문에, 분배정의와 베려에 특히 정성을 기울여야 했다. 예레미야는 그 반대의 상황을 지도자들에게서 확인하고 있다. 그들은 "야훼의 길을 알고 있고 자기네 하느님의 율법을 알아야 함에도 불구하고" "그들까지도 멍에를 부수고 (법의) 끈들을 끊어버렸도다"(예레 5,4-5). 그들은 "나는 섬기지 않으리라"(예레 2,20)고 하느님에게 선언하고 있는 자들이다. 지도자들은 "소작료로 빈곤한 농민을 짓뭉개고, 그들로부터 밀 수확을 깡그리 탈취하는"(아모 5,11; 느헤 5,1-5 참조) "세금징수자들"이다. 그들은 사막의 관습법을 무시하고 이스라엘에서는 비합법적인 것으로 되어 있는 처사, 즉 "지계표를 마음대로 옮기는 자

---

[18] 이 예언자들은 왕궁에 기거하며 국왕의 정치에 의견을 주던 "궁정 예언자"(Hofpropheten)들로서 예언의 대가로 월급을 받았다(1열왕 22,5-12 참조).

들"(호세 5,10; 신명 19,14 참조)이 되었으니 야훼는 그들을 친히 법정에서 고소하고 있다(이사 3,14). 그들은 악법을 쉴새없이 반포하여 민중의 법적 권리를 박탈하고 있다.

> 저주 있어라
> 불의한 법령을 반포하는 자들에게.
> 그들의 법령을 쓰는 것은 비참을 적어두는 것이다.
> 그들은 재판정에서 작은 자들을 물리치고
> 내 백성의 가난한 이들의 권리를 빼앗고,
> 과부들을 털어먹고 고아들을 수탈하는도다.
> 심판의 날에 너희는 무엇을 할 것이냐?
> 멀리서 폭풍우가 불어올 때
> 너희는 누구에게 피신하여 도움을 구하겠느냐?
> 그리고 너희는 착취한 재산을 어디에 도피시키겠느냐?(이사 10,1-3).

미가는 더 기괴한 표현을 구사하여 왕과 그 정부의 악랄한 수탈을 공박한다. 즉, 분배정의와 선행을 무시하는 것은 식인종의 처사와 다를 바 없다는 것이다.

> 야곱의 고관들과 이스라엘 가문의 재판장들아
> 너희는 들어라.
> 법을 알아야 함이 너희 임무가 아니냐?
> 너희는 선행을 미워하고 악행을 즐기며
> 사람들의 가죽을 벗기고

그들의 뼈에서 살점을 도려내고 있다.
너희는 내 백성의 살(肉)을 뜯어먹고
가죽을 벗기며
내 백성의 뼈들을 냄비 안에 부수어 넣고
솥 안의 고기같이 꺾어 다지고 있도다(미가 3,1-3).

예레미야는 자기 시대의 두 왕을 이렇게 공박한다. 즉, 여호야킴 왕은 "불의로 제 왕궁을 짓고" "동족에게 일을 시키고도 품삯을 주지 않는 자"(예레 22,13)라고 단죄하며, 여호야긴 왕은 "쓸모없이 깨어진 옹기그릇이 되고"(22,28), 여호야킴 왕은 "죽은 나귀를 치우듯이 끌어내다 묻으리라"(22,18; 22,13-30 참조)고 예언한다.

구약성서의 예언자 전승들은 이구동성으로 이스라엘의 목자(王)들을 단죄하고 있다.[19] 이스라엘의 왕들은 "미련한 목자"(예레 10,21)들이며 모두 "바람에 끌려다니는 자"들이다(22,22). 그들은 양떼인 백성을 흩어버리는 자들이기에 야훼께서 친히 당신 양떼를 치시겠다고 나선다(예레 23,1-2; 에제 34,1-30). 그들은 양떼인 이스라엘에게는 "짖지도 못하는 벙어리 개들"이며 "먹어도 먹어도 배가 차지 않는 '개새끼들'"이요, "아무리 타일러도 도무지 깨닫지 못하는 무지막지한 목자들"이다(이사 56,9-12). 예언자들의 견해에 따르면 이스라엘이 "다른 나라들처럼 왕을 뽑았을 때"(1사무 8,5; 8,10-22: 왕정의 부정적인 측면), 그리고 사막의 부족생활과 그 이상을 저버린 날에 큰 잘못을 범했다는 것이다. 사막의 이상을 그리워하는 호세아는 다음과 같은 불의한 왕정을 비웃고 있다.

---

[19] 고대 근동 문학에서 국왕은 "목자"라는 표현으로 불린다(Ph. de ROBERT, *Le Berger d'Israël*, Neuchâtel 1968 참조).

너는 "나에게 왕과 관리들을 주소서" 하고 말했지만
네 모든 도읍에서 너를 구출할 왕과 판관들이 어디 있느냐?
나는 분노하여 너에게 왕을 주었으나
진노하여 다시 빼앗아 가노라(호세 13,10-11).

이스라엘에 군주제도가 도입된 것은 당시의 고대 근동에 비교하면 매우 뒤늦은 것이었다. 그러나 다윗과 솔로몬 제국의 군주체제는 에집트의 절대군주제를 모방한 것이었으므로, 고대 근동의 군주적 이데올로기가 자연히 이스라엘에 침투하였다. 따라서 출애굽 체험이 낳은 만민평등 사상을 기조로 한 모세 신앙의 세력과 군주정체가 충돌한 것은 필연적이었다(판관 9,7-15. 요담의 우화). 하여 예언자들은 권력자들에게 결코 머리를 숙이는 일 없이 가차없는 비판을 퍼부으면서 지배층에 대해 초연한 자세를 견지하였다. "하느님 홀로 가장 위대한 왕이시다"는 확신에서였다. 국왕과 그 조정은 하느님의 신하들이며 하느님이 주신 임무, 특히 강자가 약자를 압박하지 못하게 하고 분배정의에 힘쓰는 의무를 다할 따름이다. 그들은 자기 행위에 관해서 철저하게 셈바쳐야 한다. 누구든지 그 한계선을 넘어서는 자는 저주받는다. 나라의 멸망은 민중에서 올 수도 있으나 상류계급에서도 올 수 있다는 것이 예언자들의 안목이다. 그들의 고발이 민중만을 상대로 하지 않고 지도자들을 향해 폭발하는 까닭이 여기에 있다. 절대군주 체제는 또한 야훼의 지상권至上權을 무시하고 국왕이 "신격화"되는 현상을 필연적으로 초래하며, 신격화된 국왕은 자신과 자기 권속들의 권익만을 옹호하기 위해서, 감히 신의 이름으로 정당화된 권력을 휘둘러 민중을 경제적으로 착취하는 정치를 하기 때문이다.

예언자들의 법정신은 현대적 용어로 표현한다면 일종의 법철학이라고 할 수 있다. 그들은 법질서Rechtsordnung에 지대한 관심을 표명하였고 법질서에 대한 경시와 범법행위를 가차없이 비판·공격하였다. 모세의 종교를 수호하던 예언자들의 눈에는 그같은 경시와 범법이 단지 윤리적·정치적 퇴폐풍조를 조성시킴에 그치지 않고 죄악을 조장하는 것으로 비쳤다. 법을 경시하는 것은 법을 제정하고 수호하시는 야훼 그분을 멸시하는 짓이요, 범법은 그 자체로 이미 야훼로부터의 이탈Abfall을 의미하게 된다. 하느님께서 법과 정의를 세우셨기 때문이다. 그런데 하느님이 세우신 정의의 가장 기본적인 요구는 공평한 재판이다. 신명기 25,1은 사직당국의 임무를 다음과 같이 규명하고 있다.

> 사람들 사이에 분쟁이 생기면 법정에 가서 재판을 받아야 한다. 물론 옳은 사람에게 무죄를 선고해야 하고 그른 사람에게는 유죄를 선고해야 한다.

재판관들은 피고나 원고의 사회적 지위나 경제적 세력 때문에 영향을 받아 재판의 공정성을 잃는 일이 없어야 한다. 그러나 이스라엘의 사직당국과 그 판관들은 "모두들 뇌물에만 마음이 있는 자"들이며(이사 1,23; 미가 3,11; 7,3 참조), "공법公法을 약쑥술로 바꾸어 버리고, 정의를 땅바닥에 내팽개치는 자"들이다(아모 5,7.12; 6,12 참조). 그들의 탐욕은 극에 달해서 "샌들 한 켤레의 헐값에 가난한 이를 팔아먹는 자들"(아모 2,6; 8,6)이 될 정도로 재판의 공정성을 잃은 판관들이 된 것이다.

이에 대해 이사야는 올바른 법정신이 무엇인가를 다음과 같이 선언하고 있다.

너희는 몸을 씻어 정결케 하여라.
내 눈 앞에서 너희의 악한 행실을 버려라.
악을 행하기를 그쳐라.
너희는 선행하기를 배우고 정의를 추구하여라.
압박받는 자를 도우라.
고아의 권리를 되찾아주고
과부의 송사를 두둔하라(이사 1,16-17).

과부와 고아는 경제적으로 압박받는 자들의 상징이다. 그들의 권익을 비호하는 일은 본래 국왕의 임무이다(함무라비 법전; 우가릿 텍스트; 시편 72,2.4). 그러나 국왕에게 고유한 이 임무는 "이웃을 발견하게 만든" 출애굽 사건으로 말미암아 "민주화하여" 이스라엘인들에게 전반적으로 부여되었다(출애 22,20-23; 신명 10,18; 24,17 이하; 27,19).

이사야는 여기서 한결음 더 나아가 새로운 법정신의 향방을 제시한다. 그의 근본 요구는 이렇다. "선업을 행하라! 그리고 악행을 피하라!" 이같은 요구에 비할 때 법정신의 개별 준수 ― 과부와 고아를 두둔하는 일 등 ― 는 뒤따라오는 세부 수칙에 불과하다. 이사야의 요구는 법질서만이 인간의 사회생활을 지배할 수 있고 지배해야 한다는 생각을 시정한다. 법과 이웃 사랑(신명 6,6 이하; 레위 19,17-18 참조)이 공동으로 인간의 공동생활을 규제하고 다스려야 한다는 것이 예언자들의 기본적인 법정신이었다(로마 13,8 참조). 판관은 경제적·정치적으로 압박받는 자들을 사랑으로써 구체적으로 도와야 하기 때문이다.

대지주였던 왕의 궁정에서 보좌관 역할을 하던 "궁정 예언자"Hofpropheten들은 "은돈이 탐나 점을 치는 자"들이고(미가 3,11) "자기 이빨로 물 것(=

뇌물)이 있으면 평화를 외치나 아무것도 입에 넣어주지 않는 자에게는 거룩한 전쟁을 포고하는 자"들이다(미가 3,5: 에제 13,10.16). 지도자들과 우매한 민중은 자기네 구미에 맞고 자기네가 하는 사업에 기생하는 이 "거짓 예언자"들을 싫어할 이유가 없었다. 미가는 사이비 예언자들을 이렇게 비웃는다.

"내가 포도주와 독한 술로 너에게 예언하겠다"고 말하며, 바람을 뒤쫓으며 거짓말하는 자가 있다면, 그자는 이 백성의 설교자가 될 것이다(2,11).

예레미야(23,9-40)도 대단한 독설로 거짓 예언자들을 공격하고 있다.

그들은 개꿈을 꾸고 거짓말로 허풍을 떨어가며 해몽을 하여 백성을 속이는 자들이다(23,32).

사회적인 동요는 극단에 이르고, 백성은 국왕과 그 정부, 그리고 특권층만 옹호하는 거짓 예언자들과 하느님의 소명을 받은 참 예언자들 사이에서 "참·거짓"의 식별조차 못하는 우매한 민중이었다. 예언이 "성서적 전통"과 부합하고 일어난 사건이 예언을 증명하였을 때, 그 예언은 참된 예언이다.[20] 참·거짓 예언자들이 한창 싸우고 있을 때, 누가 옳고 그르다는 것을 식별하기란 심히 어려운 일이다(예레 28장 참조). 오늘의 상황에 있어서도 참·거짓 예언의 식별 기준을 찾아내는 일은 결코 쉬운 일이 아니다.

---

[20] 신명기는 13,2-6과 18,20-22에서 "참 예언·거짓 예언"에 대한 식별 기준을 제시하고 있다.

사제들의 첫째 임무는 예배를 거행하기에 앞서 (가난한 사람들의 권리가 박탈되는 일이 없도록) 하느님의 율법을 백성에게 철저히 가르치고 실생활에 적용시키는 데 있다. 그러나 그들은 "하느님께 대한 지식"(*da'at Yahve*)을 잊어버리고 우상숭배에만 몰두하고 있다(아모 4,4-11). 사제들에 대한 호세아의 질타는 하느님께 대한 지식의 상실을 첫째로 손꼽고 있다.

> 내 백성은 지식이 없어 멸망하리라.
> 너(사제)는 (하느님)의 지식을 거부했으니
> 나도 너를 거부하고,
> 너는 더이상 나의 사제가 되지 못하리라.
> 너는 네 하느님의 가르침(율법)을 잊어버렸으니
> 나 역시 네 자손들을 잊어버리노라.
> 그들(사제)은 내 백성의 죄로 살찌며
> 백성의 잘못을 갈망하고 있도다(호세 4,4-14).

호세아의 증언에 의하면(6,9) "사제들이 매복한 강도의 무리처럼 세겜의 길목에서 살인을 일삼고 있다"고 한다. 세겜은 예부터 야훼 종교의 중심지였고 레위 사람들의 도읍(여호 21,21)이자 본의 아닌 범죄자들의 피난처였다(20,1-9). 호세아는 이 구절에서 세겜의 성소를 공격하지 않으니, 이 성소가 가나안의 우상숭배를 배격한 유일한 성전이었기 때문이다. 그러나 세겜의 길목에 매복해 있는 사제의 무리는 신도들이 당시 야훼 종교에 충실한 이 성전에 기도하러 가는 것을 막기 위해 살인까지도 불사했다. 그들은 권익과 돈이 탐나 "사제 노릇"을 했으니(미가 3,11; 예레 6,13), 착취자들의 돈에 매수된 판관들과 궁정 예언자들의 성직 매매에 진배없었다.

그들의 이같은 태도는 종교적 허례허식과 위선을 낳았고(호세 8,11-13), "공법公法을 흐르는 물처럼, 정의를 끊임없이 흐르는 강물처럼"(아모 5,21-27) 만드는 대신 제사만 자꾸 드리는 것을 제일로 쳤던 것이다.

이사야(1,10-20)와 예레미야(7,1-28)는 자신들이 귀족과 사제 가문 출신임에도 불구하고 예배의 타락을 맹렬히 공격하고 허례허식에 빠진 사제들과 신도들을 통렬히 비난했다. 그러나 이같은 예언자들의 설교는 무시당했고, 예레미야는 "강도의 소굴"(예레 7,11)이 된 성전의 파괴를 선언하였다가 몰매를 맞아 죽을 뻔한 적도 있었다(26장). 말라기서의 저자는 사제들의 불충을 보고 도저히 참을 수 없어, 그들이 드리는 예배를 "거름통"(2,3)에 비유하기까지 하였다. 그러나 예언자들이 예배나 종교의식의 의미를 부인한 것은 아니다(호세 6,6 참조). 그들이 당시 이스라엘의 예배를 규탄한 이유는 다른 데 있다. 일상생활에서는 신의 뜻을 거부하면서도 오로지 제사만을 중대시하는 이른바 형식에 얽매인 예배는 그 자체로 이미 하느님을 거부하는 불경의 죄이다. 따라서 이런 모순 ─ 신의 윤리적 요구와 형식적 제의祭儀 ─ 안에서 예배는 결코 다가오는 신의 심판을 면할 방책이 될 수 없다. 예언자들이 주창하는 참다운 예배는 이렇다. 인간은 성소에만 국한하여 야훼를 찾아나설 것이 아니라 선업善業을 실천함으로써 그분을 찾아야 하며(아모 5,4-6,14 이하), 생활과 예배의 이율배반적인 제사를 통해서가 아니라 가난한 이를 돌보고 정의를 실천하는 일상생활에서 야훼를 찾아야 한다(아모 5,21-24)는 것이다.

사회불의의 상황 앞에 취한 태도

불신으로 가득찬 사회풍조, 지도자들의 부패, 매수된 판관들, 궁정 예언자들의 성직 매매, 묵과할 수 없는 사제들의 불의는 부자들의 탐욕과 소유욕을 끊임없이 자극했다. "빈곤화 현상"paupérisme은 유배 이전의 예언자들의 시대와 그 사회에 끊임없이 대두된 근본 문제였다. 예언자들이 제일 먼저 취한 태도는 자신들의 주위에 있는 빈곤과 비참에도 아랑곳없이 부를 독점한 부유층에 대한 가차없는 비판이었다. 가난한 사람들은 굶어 죽어가며 자기 가족이 살 집 한 채도 없는데, 포식난의飽食 暖衣의 삼매三昧를 추구하여(아모 6,4-6) 재산을 축적한다는 것은 예언자들 눈에 있을 수 없는 불의로 비쳤다. 부유층은 "비계가 올라 살찐 돼지" 같아(예레 5,28), "자신의 배를 채우기에 급하고"(에제 7,19), "마음대로 먹고 배부른 살찐 바산의 암소"들로 묘사된다(아모 4,1). 그들의 주택은 "상아와 흑단"(아모 3,15)으로 꾸민 집이고, "풍성한 포도원"으로 둘러싸인 "돌로 다듬어 지은 호화주택"이다(아모 5,11). 전前자본주의 시대의 당시 사회를 보고 이사야는 분노하여 외쳤다. 부자들은 "집을 연달아 차지하고 땅을 차례로 사들이는 자들, 그들은 빈터 하나 남기지 않고 온 세상을 혼자 살듯이 차지하는 자들"이니(이사 5,8) 저주받아 마땅하다. 부자의 축재는 "사기와 거짓 저울, 야바위친 눈금과 자(尺), 가짜 돈"(아모 8,4-6; 미가 6,9-12; 호세 12,8)이 낳은 결과이니, 이런 불의한 재산은 필연적으로 민중을 파산의 궁지로 몰고 노예로 전락시키기 때문이다(미가 2,9-10; 예레 34,8-12). 예언자들은 황금만능주의의 노예가 된 부자들이 멸망을 자초하리라고 경고했으나 헛된 수고였다.

하지만 예언자들은 교역과 생산으로 일어난 경제 발전을 부인하거나 문제시하지는 않았다. 그들이 문제삼은 것은 적은 노동과 노력으로 쉽사리 큰 수익을 얻는 상황, 부당하게 축적되는 자본과 재산이 소수에게 집중되는 경제체제였다. 그런 이유에서 예언자들은 화려한 의복과 낭비를 일삼는 생활을 조장시킬 부정축재를 맹렬히 공격했다(아모 6,1-7;

8,4-7: 미가 2,1-2: 이사 3,14-15). 유행의 첨단을 따른다고 부산하던 예루살렘 귀부인들에 대한 공격은 오늘의 우리 사회에 대해서 결코 그 현실성을 잃지 않고 있다.

> 진정 시온의 딸들이 오만불손하기 짝이 없으며
> 그네들은 목을 길게 빼들고 추파를 던지며 돌아다니고,
> 아기작거리고 다니며
> 발목에는 방울을 달아 짤랑거리며 거니는도다.
> 주님께서는 시온 딸들의 대가리에 옴이 걸리게 하고
> 그네들의 이마를 벗기시리라.
> 그날에 주님께서는
> 방울, 해와 달의 온갖 패물을 벗겨버리시리라.
> 진주목걸이, 팔목걸이, 면사포, 머리댕기,
> 사슬장식, 허리띠, 호신부, 부적,
> 인장가락지, 코고리, 흰 예복, 비단 스카프,
> 목도리, 핸드백, 거울, 모시옷,
> 고운 이마띠, 너울을 다 벗겨버리시리라.
> 향내는 썩는 냄새로, 띠는 포승으로 바뀌고
> 곱게 땋았던 머리는 대머리가 되고
> 예쁜 옷을 입었던 몸에는 부대조각을 감고
> 아름답던 얼굴에는 수치의 낙인이 찍히리라(이사 3,16-24).

이사야 예언자가 우리 시대의 800만원짜리 밍크코트, 300만원짜리 손목시계, 100만원짜리 라이터를 보았다면 더 자세히 부자들의 사치를 묘

사했으리라. 이 모든 설교에서 예언자들이 노린 것은 경제적으로 약세에 내몰린 가난한 사람들의 권리를 옹호하는 데 있었다. 가난한 자들을 상징하는 인간 부류들은 과부와 고아와 이민자들이었다. 예언자들은 도시화와 함께 들어온 가나안의 새로운 경제체제의 발전을 거부한 것이 아니라 전대미문의 가공할 법과 정의의 파괴를 규탄했다. 자연경제가 화폐경제로 전환되었다고 해서 자유농민들의 농지를 부당하게 수용해 가거나(이사 3,14b-15; 5,8; 미가 2,1-2) 고리대금이 정당화될 수는 없으며, 그것으로 농민들을 소작인과 농노로 격하시킨 다음에 동포들의 노동력을 착취하는 불의가 정당화될 수는 없다. 경제성장이라는 명분이 무산대중의 생존권과 재산을 박탈하는 것을 정당화하지 못하는 것은 인간의 기본권이 경제성장의 염원과 필요성에 선행하며, 인간의 생존권은 모든 재물의 가치를 능가하는 까닭이다. 인간 실존이 위태로워지면 사회의 존속마저 위협당하므로 경제정책은 어느 경우에든 경제적으로 소외되고 무력한 무산대중의 권익을 최우선으로 옹호하지 않으면 안된다. 경제정책이 이 권리를 침해한다면 가차없이 비판받고 수정되어야 한다. 토지와 농지를 독점하는 그 자체만이 아니라, 그 독점으로 말미암아 경제사회의 부의 근간을 민중에게서 박탈하고 그들의 생존권까지 위협하는 일이다. 사회 부조리에 대한 예언자들의 비판과 항거를 현대인의 정치적·감정적 색깔로 채색할 수가 없다고 했다. 사회 부조리에 대한 예언자들의 발언은 "모세 신앙"에 근거한 것이며 종교적 태도에 의해서 지배되고 있다. 예언자들에 의하면 사회운동은 곧 종교적 행동을 의미하고 하느님이 친히 서두르시는 "성화"聖化이며 "새 인간·새 마음"(에제 36,21-38 참조)의 은총에서 기원한다. 그러므로 경건한 신앙인은 "사회적"으로 사고하고 사회적으로 "처신"하는 인간이다.

어떤 사람이 의롭다고 하자.
그러면 그는 법과 정의를 실천하고
산 위에서 잿밥을 먹지 않으며
이스라엘 집안이 섬겨온 우상들에게 눈을 돌리지도 않고
남의 아내를 범하지도 않으며
부정한 여인을 가까이하지 않고
아무도 착취하지 않으며
빚 대신 취한 저당물을 돌려주고 약탈하지 않으리라.
그는 굶주린 자에게 제 빵을 나누어 주고
헐벗은 자에게 옷을 입혀 주고
고리대금으로 돈을 놀리지 않고 이자를 받지 아니하며
제 손을 불의에서 멀리하고
사람들 가운데 올바른 판결을 내리며
내 법대로 걷고 내 법도를 지키며
진리에 따라 처신하는 자이다.
이런 자는 의인이다.
그런 자는 정녕 살아남으리라.
— 주 야훼의 신탁(에제 18,5-9).

기존 세력의 반응

정치적·경제적·사제적인 기존 세력은 모두가 힘을 합쳐 예언자들의 외침을 묵살하려고 안간힘을 쓴다. 베델의 제관 우두머리인 아마지야는 예언자 아모스를 국가 "모반죄"로 당시 이스라엘의 왕 여로보암에게 고발했으며, 아모스를 "직업 예언자"로 격하시켜 왕립 성소에서 추방했다(아모 7,10-17). 베델에서 벌어진 아모스와 아마지야의 대결은 구약성서의 어느 텍스트에서도 볼 수 없을 만큼 예언자들의 설교가 지닌 권위와 자유를 분명하게 제시하고 있다. 예언자들의 비판은 당시 이스라엘의 종교·시민적 권위에 정면으로 도전했다. 많은 예언자들이 기성체제에 항거했기 때문에 귀한 생명을 잃었다. 예언자들의 외침을 질식시키고 그들을 죽이려고 했던 것은 신의 절대주권을 꺼렸던 자들의 생리이다. 이사야의 다음 구절은 당시의 부유층과 세도가들이 예언자적 고발에 취한 태도를 잘 반영하고 있다.

> 그들은 보는 사람들에게 "너희는 보지 말아라" 하고 예언자들에게 "진실을 우리에게 예언하지 말고, 오히려 우리에게 솔직한 말이나 터무니없는 이야기나 하여라" 말하는도다(이사 30,10).

예레미야의 모습은 청중의 거부반응에 희생된 예언자의 비극적 운명을 우리에게 전해준다. 그는 "반대와 모순의 사나이"(예레 15,10)이고 친가로부터 위협을 받는 신세(11,18-19.21; 12,6)이며, 성전의 사제 우두머리에 의해 고문대에 매달리고(20,2) 구사일생으로 죽음을 모면하게 되며(26,1-19), 근위대의 병영에 갇히고(32,2; 33,1; 37,21; 38,28) 치외법권자처럼 경찰의 추적을 받으며(36,19.26), 그의 작품들은 금서인 양 소각당하고(36,23) 성전에 기거하는 것조차 금지당하며(36,5), 진흙탕 깊숙이 지하실과 우물에 감금당한다(37,16; 38,6). 예레미야의 정치적 입장이 그의 신세를 이토록 비극적인 상황으로 몰고갔는지는 모르지만, 실상 그도 자기의 선임 예언자들과 다름없이 이스라엘의 배은망덕·죄악·불의를 고발했을 뿐이다. 예레미야를 죽이려고 공모한 자들은 결국 아마지야와 여로보암 2세의 후계자들에 불과하다. 그러나 그 무엇도 예언자들이 가난한 자들과 소외된 자들을 대변한 것과 그들의 외침을 질식시킬 수 없었다. 그들은 정의의 세계에 대한 희망으로 가득차 있었기 때문이다. 예언자들은 해방자이신 야훼께 전적으로 신뢰했다.

희망의 증인들

소유욕과 무관심으로 부패한 전前자본주의 시대의 이스라엘 사회가 낳은 사회불의를 예언자들은 격렬한 어조로 공격했다. 그들의 대부분 신탁들이 너무나 어둡고도 무서운 하느님의 심판을 선고하기에, 우리는 언뜻 보기에 그들이 모두가 "불행의 예언자들"이 아닌가 하고 의아해 할 성 도이다. 그러나 사회불의의 직접 결과로서 닥쳐온 이스라엘의 어두운 참변과 비극 너머로, 예언자들은 가난한 백성의 해방을 예고하는 여명을 보기 시작했다. 예언자들은 군주정체가 제아무리 국가를 위해서 유익했을지라도 유다와 이스라엘의 역대 왕들에게 크게 실망하지 않을 수 없었다. 그들은 몇몇 이상적인 왕들 — 다윗·히즈키야·요시야 — 을 제외하고 모든 왕들과 그들이 펴나가던 정치 노선을 엄중히 고발했고, 하느님의 이름으로 단죄했다. 예언자들이 기다리던 유일한 왕은 바로 야훼 그분이었으며, 그들은 야훼께서 친히 어느 날, 아니 아주 가까운 장래에 당신 백성을 직접 책임지시고 그 백성에게 완전하고도 충실한 왕을 주시리라는 것을 선포하였다.

새 다윗으로서(1사무 16,1 참조) "이새의 그루터기에서" 햇순처럼 나올 이 왕(이사 11,1-5)은 많은 카리스마를 갖춘 왕이다.[21] 주님의 영이 새 왕에게 베푸시는 카리스마는 지혜, 분별의 예지, 조언과 용기, 지식과 하느님께 대한 경외심(11,2)을 포함하는 다양한 속성으로서 "왕권행사"를 위해 모두 필요한 카리스마들(잠언 8,15-20)이다. 그러나 이 새 왕이 오시면 정의가 이루어진다. "이새의 새 다윗"은 가장 완벽한 "판관"이기 때문이다. 이사야 9,6이 이미 말한 대로 이 왕의 옥좌는 법과 정의 위에 세워진다. 그는 겉모양이나 사회적 지위, 경제적 영향력을 배제하고 가장 공평한 판결을 내리는 재판관이기 때문이다(잠언 16,12; 20,26-28; 25,5; 이사 16,5). 정의는 왕이 갖추어야 할 가장 기본적인 덕행이다(이사 32,1-3; 2사무 14,17; 1열왕 3,16-28; 예레 23,5; 시편 72,1-7). 정의는 또한 하느님의 선물(이사 1,26 참조)이다. 그 메시아의 정의는 피상적인 판결을 능가하는 식별력을 전제하기 때문이다(이사 32,3-5; 1사무 16,7; 잠언 12,17). 그런데 법과 정의로 무장된 새 다윗이 최우선으로 실천해야 하는 과업은 "그는 (경제적으로) 약한 자들에게 정의로써 재판해 주시고, 나라의 가난한 이들의 재판을 공정히 판결하리라"(이사 11,4)는 데 있다. 이 왕이 갖춘 정의는 무엇보다도 먼저 약하고 가난하며 경제적으로 소외된 자들을 위해 있는, 모든 정의 구현의 척도이다(이사 29,19-20). 이런 뜻으로 새 다윗은 과거에 이스라엘의 불의한 왕들과 판관들과는 대조적인 인물이다(이사 10,2; 아모 2,7; 8,4). 군왕시편과 특히 시편 72편이 이상적이고 참다운 왕의 사명을 노래했듯이 그는 가난한 이들을 보호함으로써 영광스러운 왕이 되신다.

---

[21] 새 다윗에 관하여, G. 폰 라트 저, 허혁 역, 『구약성서신학 II』 분도출판사 1977, 167 이하.

> 세상의 임금들이 모두 다 조배하며
> 만백성이 그이를 섬기리이다.
> 당신께 하소하는 가난한 이와
> 외롭고 불쌍한 이를 구하시기 때문이니
> 약하고 가난한 이를 어여삐 여기시고
> 가난한 사람들의 목숨을 당신은 살려주시며
> 착취와 압박에서 그들을 구원하시어
> 그들의 피를 값지게 알아주시리이다(시편 72,11-14).

가난한 이들에 대한 이 "새 다윗"의 정의 구현은 메시아적 왕국의 번영과 직결되어 있다. 이스라엘은 이 왕을 애타게 기다렸다.

그래서 새 다윗이 올 때까지, 히즈키야 왕의 탄생이 "징표"로서 이스라엘에게 주어진다. 새로 탄생한 히즈키야 왕은 이스라엘의 가난한 이들에게 "임마누엘"(이사 9,5-6; 10,17)이 된다. 유다의 개혁자였던 히즈키야 왕(기원전 716~687)은 다윗의 왕좌를 강대하게 하고 끝없는 평화를 이루며 법과 정의로 그 나라를 굳게 세울 것이다. 이 왕은 가난한 자들을 혹사하는 채찍을 꺾을 해방자liberator이다(이사 9,3). 그의 왕국은 야훼께서 정열을 쏟으시어(이사 9,6) 세우신 나라이기 때문에 가난한 사람들의 희망이 아닐 수 없다.

그러나 기다리던 마지막 날의 메시아 왕자는 미가의 예언이 실현될 때까지 지연된다.

> 그러나 너 베들레헴 에브라다야
> 비록 너는 유다 씨족 중에 보잘것없지만

나를 위해 이스라엘을 다스릴 자가 너에게서 나올 것이니
그의 근본은 예부터 태곳적부터 유래하고 있다.
그러므로 하느님께서는
임신한 여인이 해산할 때까지 그들을 저버릴 것이다.
그후 형제들 중 남은 자들이
이스라엘 자손들에게로 돌아오면
그(메시아)는 일어서 주님의 권세와
하느님이신 주님의 위엄으로 자기 가축떼를 먹일 것이며
그들(양떼)은 정착할 것이니
이제 그(메시아)가 자기 권세를
땅끝까지 펼칠 것이기 때문이다.
그리고 그는 평화가 될 것이다(미가 5,1-4).

이 왕은 "임신한 여인이 해산할 때까지" 오지 않는다. 그는 이스라엘의 회개가 완성된 후에 오실 왕이다(미가 5,2a). 유대·그리스도교 전승에서는 이 신탁이 이스라엘을 통치할 인물, 즉 미래에 올 메시아 왕자에 대한 예언이라고 간주되었다. 이 다가올 인물의 기원과 가문은 유다 왕가이다. 그는 베들레헴에서 탄생하여 메시아가 될 양떼의 목자이기 때문에 "새로운 다윗"이다(1사무 16장; 2사무 5,2; 7,8). 복음사가 마태오는 예수의 탄생에서 미가의 약속신탁이 실현되었다고 확신하였다. 그 왕이 오는 날 참다운 평화가 실현된다. 이사야 9,5의 예언대로 새로 탄생할 아기는 "평화의 왕자"(*sár-šalom*)이기 때문이다. 평화의 왕자가 오는 날 나라 안의 모든 굶주린 자와 가난한 이들은 공짜로 배불리 먹을 수 있게 된다.

목마른 자들아 너희 모두는 오너라.
여기 물이 있는 곳으로 오너라.
비록 돈이 없더라도 너희는 오너라.
양식을 구하여 너희는 먹어라.
너희는 — 돈 없이 지불하는 일 없이 —
포도주와 우유를 와서 마셔라(이사 55,1).

물론 제3 이사야가 돈 없이, 값을 지불하는 일 없이 공짜로 얻을 수 있다고 한 이 양식은 하느님의 말씀을 상징한다(이사 55,2 참조). 그러나 이 신탁은 말씀이라는 상징을 통해서 모든 것이 풍요한 메시아적 유토피아 세계를 구가하고 있다. 그런데 이 유토피아 안에서 "돈"은 제일 중대한 가치가 될 수 없으며, "본질적인 것"unum necessarium을 구하는 데 필수불가결한 요소가 아니라는 것이다. 황금만능주의에 희생이 된 가난한 이들은 메시아 왕국에서 공짜로 하느님이 말씀과 일용할 양식을 얻게 된다.

이제 자본 축적의 희생자들이 된 가난한 이들의 해방자가 나타난다. 그는 신비스러운 인물이다. 율법이 규정한 안식년의 노예해방(출애 21,2; 신명 15,12)과 희년(레위 25,10)의 노예석방령이 이스라엘의 가난한 자들에게 내린 것이다. 드디어 이스라엘의 빈자들은 자본가의 종살이에서 풀려난다.

주 야훼의 영이 내게 내리시며,
야훼께서 나를 메시아로 삼으시고
그분은 억눌린 자들에게 기쁜 소식을 전하려고
나를 보내시도다.
그분은 찢긴 마음을 싸매 주고

> 포로들에게 해방을 선포하며
> 옥에 갇힌 자들에게 햇빛의 찬란함을 보게 하고
> 야훼의 은총의 해(희년)를 선포하며
> 우리 하느님이 "원수갚으시는 날"을 선포하고
> 슬퍼하는 모든 사람을 위로하며
> 시온에서 슬퍼하는 사람들에게 왕관을 씌워 주라고
> 나를 보내셨도다.
> 진정 그들(슬퍼하는 사람들)에게
> 재(灰) 대신으로 왕관을 씌워 주며
> 상복을 입었던 몸에 기쁨의 기름을 발라주고
> 침울함 대신으로 찬양이 울려퍼지게 하는 옷을
> 입혀 주어라(이사 61,1-3).

이제 야훼의 가난한 백성은 가난한 왕으로서 보잘것없는 당나귀를 타고 오는 메시아를 환호한다. 시온의 딸들은 이 겸손하고 가난하며, 그러나 의롭고 "빈자들의 해방자"로 오시는 그분을 보고 기뻐 날뛴다.

> 시온의 딸아, 한껏 기뻐하여라.
> 예루살렘의 딸아, 환성을 올려라.
> 보아라, 네 임금이 너를 찾아오신다.
> 그분은 의롭고 승리자이시나 겸비謙卑하여
> 나귀, 어린 새끼나귀를 타고 오시도다(즈가 9,9).

의롭고 겸비한 — 가난한 — 왕이 오시면 평화는 전쟁을 쳐이긴다.

예언자는 가난한 사람들의 대변인

그분은 에브라임에서 병거를,
예루살렘에서 전차를 없애시리라.
그분은 전쟁에 쓰이는 활을 꺾어버리고
만백성에게 평화를 선포하리라.
그분의 통치는 이 바다에서 저 바다까지,
그 강(유프라테스 강)에서 땅끝까지 펼쳐지리라(즈가 9,10).

결 론

양식비판사는 우리에게 다음과 같은 사실을 밝혀준다. 즉, 예언자들이 사회불의에 대해서 언급할 때 언제나 "심판설교"judgement-speeches의 장르를 통해서 설교하고 있는 것이다. 그런데 심판설교는 두 부분으로 구성되어 있다. 즉, ① 백성의 죄를 고발하는 동기 부분과, ② 하느님의 처벌을 포함하는 판결선고 부분이 그것이다. 이 두 부분을 연결하는 단구短句는 흔히 "그런 이유로"[22]라는 말로 도입되는, "야훼께서 이렇게 말씀하신다"이다. 이 두 부분은 서로 밀접히 연결되어 있으며, 그에서 예언자는 하느님의 사자로서 전해야 할 메시지를 발표한다. 그 메시지는 하느님의 판결선고이다. 그리고 ①에서는 판결을 재촉하는 이유가 제시된다. 아모스 4,1-2의 신탁은 가장 대표적인 심판설교의 구조를 가지고 있다(마태 25,31-45 참조). 이 구절에서 예언자들이 사회불의를 "판결선언의 기초"foundation of the doom로 삼고 있음이 뚜렷이 드러나고 있다(이사

---

[22] Cl. WESTERMANN, *Basic Forms of Prophetic Speech*, Philadelphia, 169 이하.

1,23; 5,8; 10,2; 예레 5,27 이하; 에제 22,7; 아모 2,6 이하; 5,10; 6,4; 미가 6,12; 말라 3,5 참조).

또한 예언자들은 어떤 문학 단위에서는 "훈계 장르"를 통해 사회불의에 대해서 말하고 있다.

> 법과 정의를 옹호하여라. 그리고 착취자의 권력에서 약탈당하는 자를 해방시키고 이민자와 고아와 과부를 압박하거나 학대하지 말아라. 이곳에서 죄없는 사람을 죽여 피를 흘리지 말아라(예레 22,3).

이같은 훈계도 실상은 "심판설교" 장르의 배경을 전제할 때 이해가 쉽게 간다. 백성이 회개하여 야훼의 뜻을 이행하면 위협적인 심판의 경고는 취소될 수도 있다. 그러므로 사회정의는 야훼가 백성에게 내리는 심판과 단죄의 가장 중대한 이유이다. 문학양식과 비판사의 여건은 다음과 같은 결론을 내리게 한다.

① 예언자들은 사회개혁의 새로운 프로그램을 선포하지 않는다. 오히려 그들은 당대의 사회·경제적인 상황이 악화되었다는 것을 확인하고, 고대 이스라엘 사회질서의 기초였던 율법 전승들을 통해 잘 알려진 하느님의 뜻과 악화된 당대의 사회상을 대조시킨다. 그들은 이상적인 이스라엘의 질서와 악화된 현실 사이의 모순들을 야훼께서 선포하신 심판의 기초로 삼고 있는 것이다.

② 예언자들은 인간이 제 이웃과 맺는 관계와 하느님과 맺는 관계 사이에 있는 은밀한 상호관계를 밝혔다. 이웃과의 관계가 정상적이 아니면 하느님과의 관계는 정상적일 수 없다는 것은 예언자들이 발견한 사회불의의 원인이다.

③ 잘 알려진 바와같이 예언자들은 야훼께서 당신 백성에게 내린 심

판이 하나의 역사적인 "참변"으로 실현되리라는 것을 선언했다. 이 사실은 또 다른 하나의 상호관계를 의미한다. 즉, 사회불의와 이스라엘의 역사적 체험(= 참변) 사이에 있는 인과율이다.

제2장과 제3장에서 본 것처럼 사회불의에 대한 사제적 반응과 예언자적 반응의 차이를 간단히 요약한다면 이런 대답이 가능하다. 사제들은 사회 상황에 대한 율법의 전승을 현대화하고 에집트에서의 해방이라는 원초적인 체험의 길로 백성을 다시 이끌어들이려고 노력했다. 반대로 예언자들은 사제들의 이같은 노력이 실패로 끝나는 것을 보고 율법 전승을 단죄의 기초로 삼았던 것이다.

④ 예언자들의 메시지의 특성은, 비록 이스라엘의 제諸 종교사조와 사회불의 및 그 책임자들인 이스라엘의 지도층에 대한 비판과 단죄가 매우 날카롭고 어두운 색깔로 그려져 있더라도 근본적으로는 낙관주의적이다. 우리는 그들이 새로운 사회개혁 프로그램을 제시하지 않았다고 했다. 그러나 다소 우리의 입장을 수정할 필요가 있다. 왜냐하면 메시아 혹은 야훼 자신이 스스로 사회개혁가로 그들의 메시지 안에 나타나고 있기 때문이다. 이것은 심판이 있고 난 뒤에 필요한 사회개혁이 정의가 승리할 미래의 비전 안에서 실행된다는 것을 의미한다. 개혁을 실천에 옮길 자는 야훼 자신 아니면 그에 의해서 "기름부음을 받은 자"(mašiaḥ)이다. 그런 이유로 이사야 9,6은 새로운 메시아적인 평화의 제국이 건설되고, 그 제국의 통치원리가 "정의와 법"이라고 선언하고 있다. 이 제국의 건설은 필연적으로 새롭고 올바른 사회질서의 수립을 포함한다.

보라, 날들이 다가오고 있다. ─ 야훼의 신탁 ─
그때 나는 다윗을 위해 의로운 새싹이 돋아나게 하리니

그 왕은 성공적으로 통치하며
나라 안에서 법과 정의를 옹호하리라(예레 23,5).

이사야는 한걸음 더 나아가 새 다윗이 특히 가난하고 소외된 자들을 보호하고 그들에게 특별한 관심을 기울이는 새 사회질서를 세우리라고 예언한다. 이제 그날이 오면 자본가들과 대지주들이 독점한 이스라엘의 토지(이사 5,8)는 하느님의 지시에 따라 이스라엘의 12지파가 골고루 나누어 가지게 되고, 이 토지개혁에서 이민자, 즉 가난한 자도 떳떳이 한몫을 차지하게 된다(에제 48,21 이하). 에제키엘은 메시아가 "개혁가"란 것을 언급하기를 꺼려하지만, 토지개혁의 단행이 미래에 올 야훼 왕국의 첫 프로그램인 것을 분명히 선언한다.[23]

예언자들은 시대가 낳은 인물들로서 동시대의 인간들에게 양심을 일깨우는 자로서의 사명을 다하였다. 그들은 사회개혁에도 아랑곳없이 극도의 이기주의에 빠져 있던 당시 사회 지도층의 무관심을 깨뜨리기 위해 가난한 사람들의 편에 서서 날카롭게 외치며 비평하고 고발했다. 그들은 "정의의 미래"가 반드시 오리라고 선포함으로써 실망한 이스라엘에게 "희망의 증인들"이 되었고 또한 이런 의미로 그들은 "가난한 사람들의 대변인"들이었다. 정의를 위한 그들의 투쟁은 천신만고의 길이었다. 그러나 그 투쟁은 "가난한 이들의 기쁨"la joi des pauvres을 준비하였다. "행복하여라, 가난한 사람들"이라고 선포한 예수는 가장 탁월한 "예언자"이다(사도 3,22-26; 7,37; 요한 6,14). 그의 메시지, 곧 복음은 인류에게 역사의 의미를 결정적으로 깨닫게 해주기 때문이다. 또한 예수는 대예언자

---

[23] H. Eberhard von WALDOW, *op. cit.*, 203-4.

들의 전통 노선을 따랐다. 종교가 참된 종교가 되기 위해서는 깊은 인격적 심성을 바탕으로, 인간간의 진정한 박애를 토대로(마태 5,23-24) 타인들, 특히 비참에 허덕이는 가난한 사람들에게 자기를 실제로 열어주는 개방을 근거로 해야 한다고 그는 가르쳤다(25,31-45). 게다가 예수는 부유층·세도층과 정면으로 충돌했고 민중을 편들었다. 가난하고 무력한 사람들을 대하는 태도가 곧 모든 종교행위의 진가를 판단하는 시금석이요, "사람의 아들"은 무엇보다도 그들을 위해서 왔다고 선언했다(루가 4,16-21).

제5장

빈자의 기쁨
— 성문서집(지혜문학, 시편) —

예언자와 현자

가난한 사람들의 편에 서서 예언자들이 빈자들을 정열적으로 옹호하였건만 가난과 "부익부 빈익빈" 현상은 동서고금을 막론하고 언제나 인간다운 생활을 위협하는 요소로서 사회에 존속한다. 그렇다면 구약성서와 예언자들의 메시지는 이 사회문제를 그저 인간들의 손에만 맡길 것인가? 과연 빈곤화의 문제를 정치가나 사회학자의 손에 방치해야 하는가, 아니면 사회불의는 아예 하느님의 창조가 불완전하였기 때문일까? 동서고금을 막론하고 빈곤화 문제는 언제나 정치·경제 문제와 직결되어 있었다. 하지만 사회에 가난한 자가 상존하는 이유는 당사자의 잘못이나 능력 부족이라고 볼 수도 있다. 인간은 생래적生來的으로 달리 태어나기에 인간의 다양성에서 오는 사회적 차이 — 계급 출현 — 를 전적으로 말소시키기는 불가능하다. 가난은 또 비운이나 전쟁의 결과일 수도 있다. 재앙은 한 인간이 모은 재산, 업적과 성공을 하루아침에 무너뜨린다. 그러므로 인간이 타고난 생활조건에서 오는 가난도 있으나 — 가난한 부모에게서 태어난 자식은 가난하게 마련이다 — 제1장에서 상세히 다룬 것처럼, 가난은 반드시 군주제도 수립, 도시화 현상과 같은 경제·정치적 원인을 지니고 있다. 여기서 무엇 때문에 누구는 부유하고 누구는 가난하며, 가난의 구제책이 반드시 있어야 하지 않겠느냐는 사회문제가 발생한다. 예언자들의 사회정의에 관한 문제제기는 곧 이 두 질문을 바탕으로 한다. 사실 사회 긴장과 빈곤화 현상은 언제나 인간의 의지 여하에 달려 있다. 문제는 그 인간이 난폭하고 이기적이며 분쟁과 시기, 부를 독점하겠다는 경쟁의식 속에 타락되어 있다는 사실이다. 인간학이 제기하는 윤리악의 실재성은 오늘날 윤리신학뿐만 아니라 행동과학에서도 중대시하고 있다. 단지 사회학자들 거의가 이같은 학계의 동향을 자기네 분야와 교육 과정에 일반화시키지 못하고 있으며, 정치가와 경제정책 수립가들은 종교 혹은 윤리의 근본문제를 정교분리라는 "이원론"에 의거하여 도외시하고 있다는 데에 큰 문제가 있다.

사회불의와 빈곤화 현상과 계급투쟁의 원인은 죄스러운 인간의 현존 양식에 있으며, 개개인의 속마음에 내재하고 있는 이기주의와 악의 세력에 있다. 악은 하느님 앞에 선 인간과 세상을 물들이고 있으며, 강자로 하여금 약자를 사정없이 압박하고 착취하게 만든다. 그러니까 예언자들이 빈자를 옹호하고 그들의 압박과 착취를 대변한 것은 경제·사회적인 개혁에 그 목표를 둔 것이 아니다. 그들은 이러저러한 개혁을 하면 새로운 인간관계가 수립되고 분배정의와 사랑을 펴나가는 "새 인간"이 창조되리라는 주장을 결코 신임하지 않았다. 내적 인간의 개조를 도외시하는 제도상의 경제·사회적 개혁은 오히려 무서운 파국을 초래한다는 것이 예언자들의 견해였다. 성서와 예언사상이 겨냥하는 목표는 바로 인간이다. 인간이 먼저 개조되고 인간 속에 자리잡은 "악의 세력"

과 배금주의가 우선적으로 극복되어야 한다. 그래야만 비로소 인간이 하느님 앞에 "가난한 자"가 되고 겸허하고 이웃의 생존을 존중하는 헌신적인 사람이 된다. 하느님 앞에 가난한 인간은 겸손하게 그분께 가까이 가며 오로지 그분께만 영광을 돌려드린다. 그는 신이 미천한 자기를 도우실 것이며(Magnificat 참조) 분배정의를 구현할 위대한 힘을 주신다는 것을 믿고 신뢰한다. 정의와 사랑의 하느님께로의 회개는 한 인간을 내적으로 탈바꿈시킨다. 그리하여 내적 개조를 체험한 인간은 "새 인간"이 되어 경제적으로 노예가 되어 있는 "가난한 이웃"을 만나게 되고 그를 해방시키기 위해서 하느님과 더불어 "해방의 역사役事"에 참여하게 되는 것이다. 바로 이 희망이 예언자들의 비전 속에 끈질기게 나타나고 있다.

예언자들의 외침이 이스라엘의 빈자들에게 "희망"을 안겨주었다면 구약의 현자들은 가난한 사람들에게 "기쁨"을 주었다고 말해야 한다. 이스라엘의 빈자들은 특히 현자들의 반성과 시인들의 노래로 해서 가난 가운데서도 기쁨을 지닐 수가 있었다. 그런데 빈자들은 비록 가난에 처해 있었지만 여유와 환희를 지닐 수 있었다는 점이 구약신학에서 다소 소홀히 취급되었다. 이스라엘의 현자들과 시인들은 예언자들이 외친 희망에서 "행복하여라 가난한 사람들"이라는 복음적 기쁨(루가 6.20)을 준비하였다고 말할 수 있다.

하지만 이스라엘의 현자들은 빈자들에 대해 매우 엄격한 태도를 가졌다는 악평을 받고 있다. 사람들은 그들이 가난의 원인을 "게으름"이나 "무지"에서 보고 있다는 구절을 근거로 내세우고 있다. 예를 들면 잠언 24,30-34는 가난을 기어코 원하는 빈자의 부정적인 태도를 비꼬고 있기 때문이다.

내가 지나가다가 게으름뱅이의 밭과
　　　생각없는 사람의 포도원을 보니
　　　보라, 쐐기풀이 사방에 우거지고
　　　엉겅퀴가 온통 덮이고 돌담이 무너져 있었다.
　　　그것을 보며 나는 깊이 생각하였다.
　　　그것을 보고 나는 교훈을 받았다.
　　　"조금만 더 자야지, 조금만 더 눈을 붙여야지,
　　　조금만 더 팔짱을 끼고 누워야지" 하였더니
　　　가난이 부랑배처럼 네게 들이닥치고,
　　　빈곤이 무장한 군인처럼 네게 달려들었다(잠언 6,10-11에 이 구절이 반복된다).

게으름뱅이는 일하지 않으므로 자연히 먹을 것이 없다.

　　　가을에 밭갈이 않는 게으름뱅이는
　　　추수때가 되어 아무리 찾아도 거둘 것이 없다(잠언 20,4).

그러므로 가난과 기근을 면하려면 개미를 본받아 열심히 일해야 한다.

　　　게으른 자야 개미에게 가서
　　　그 사는 모습을 보고 지혜를 깨쳐라.
　　　개미는 우두머리도 없고 지휘관이나 감독관이 없어도
　　　여름 동안 양식을 장만하고 추수철에 먹이를 모아들인다.
　　　그런데 너 게으른 자야, 언제까지 잠만 자겠느냐?
　　　언제 잠에서 깨어 일어나겠느냐?(잠언 6,6-9).

그러므로 현자들은 가난하거나 부유하게 되는 원인을 매우 단순하게 생각했던 것이다. 즉, 현자들은 "손이 게으른 사람은 가난해지고, 손이 부지런한 사람은 부자가 된다"(잠언 10,4)라고 말했기 때문이다. 방탕한 생활과 무지는 가난의 둘째 원인이다.

> 향락을 좋아하는 자는 가난해지고
> 술과 기름을 즐기면 부자가 못된다(잠언 21,17).

> 왜냐하면 진탕 먹고 술에 취하면 가난뱅이가 되고
> 졸기만 하면 누더기를 걸치게 되기 때문이다(잠언 23,21).

따라서 누구나 가난을 피하려면 "무지"에서 해방되어 열심히 배우고 술 마시기를 그쳐야 한다.

> 가난과 불명예는 가르침을 저버리는 자의 몫이고
> 교훈을 지키는 자는 명예를 얻으리라(잠언 13,18).

> 술 취하는 노동자는 부자가 될 수 없고
> 작은 것을 멸시하는 자는 점점 가난해진다(집회 19,1).

현자들의 눈에 가난은 죄악의 대가로 비친 것이다. 의인, 즉 현자는 부자가 되고 죄인은 가난한 자가 되어야 한다. 히브리인의 전통적인 인과응보 사상이 작용한 것이다. 성서의 전승 안에서 "하느님의 친구"는 부자라는 것을 강조하는 텍스트가 자주 나타난다. 아브라함(창세 13,2:

20,14; 24,35)과 이사악(창세 26,13-14)과 야곱(창세 30,30)과 솔로몬(1열왕 10,14 이하)은 하느님의 친구이기 때문에 부자가 될 수 있었다. 의인은 하느님의 축복을 독차지하기 때문에 부자이다. 현자들은 의인의 행복과 번영, 악인의 불행과 가난을 계속하여 강조한다(잠언 3,16; 15,6; 19,23; 28,20; 욥기 5,24; 42,10-12; 집회 11,21-25; 31,11). 현자들의 영향을 받은 시인도 의인의 행복을 이렇게 노래한다.

> 복되다, 하느님을 두려워하는 이여,
> 당신의 계명을 큰 낙으로 삼는 이여.
> 그 후손은 세상에서 강성하리라.
> 의인의 자손은 축복을 받으리라.
> 재산과 부요함이 그의 집에 있고
> 그 의로움이 항상 남아 있으리라(시편 112,1-3; 1,1-3 참조).

이같은 전망 안에서 빈자는 쉽게 "죄인" 취급을 받게 된다. 인간적 경험의 차원에 머문다면 가난은 게으름뱅이·술주정뱅이·꿈속에 사는 이들의 몫이다(잠언 6,6-11; 10,4; 12,11; 14,23; 20,13; 21,17; 23,20-21; 24,30-34; 28,19; 집회 18,33 - 19,1 이하). 현자들은 가난이 하느님의 "처벌"이라고 본 것일까? 야훼께 대한 신앙은 가난을 하느님 심판의 결과로 보게 된다. 불경한 자와 악인은 부자가 될 수 없고 의인은 성공과 번영을 자동적으로 누리게 된다.

> 의인은 배불리 먹지만 악인들의 배는 텅 비어 있다(잠언 13,25; 참조: 신명 28,15-46; 시편 109,10-12; 욥기 5,1-7; 15,25-35; 20,20-22; 22,20; 27,16-19).

그러나 현자들이 가난에 대해서 가졌던 부정적인 태도는 실상 가난의 적극적인 의미를 강조하는 텍스트에 비교하면 매우 제한되어 있다. 물론 예언자들의 정열적인 빈자옹호를 제4장에서 논한 뒤에 가난에 대한 현자들의 엄하고도 부정적인 판단을 접하게 될 때 우리는 퍽 당황하게 된다. 그러나 예언자의 시대와 현자의 시대 상황은 크게 차이가 있다. 기원전 8세기의 극에 달한 사회불의와 빈곤화의 시대 상황에서 예언자들은 빈자옹호를 위해서 투신하지 않을 수 없었다. 현대의 시대 상황은 예언자의 것과 차이가 있다고도 볼 수 있으나, 우리는 현자와 예언자의 정신적 수준과 "실존적 태도"에서 가난을 보는 눈이 다르다고 생각한다. 즉, 현자는 예언자와는 달리 투신engagement보다는 현실주의와 뉘앙스 있는 현실 판단의 반성을 더 중요시하기 때문이다. 예언자가 불같이 타오르는 행동의 열기 속에서 가난한 자들의 잘못을 지적하고 그들에게도 빈곤의 원인이 있다는 것을 시인한다면, 그가 시도하는 부자들의 회개는 실패로 끝날 것이다. 반대로 현자는 조용히 모든 것을 반성하고 심사숙고한 끝에 지혜를 정돈하는 것을 직업으로 삼는 사람이다. 이같은 전망 안에서 현자는 어떤 유類의 빈자들은 제 잘못으로 가난에 허덕인다는 것을 인정하지 않을 수 없었던 것이다.

그렇지만 현자들은 부富 또는 가난은 그 자체로 볼 때 좋은 것도 나쁜 것도 아니라는 말을 하고 있다. 아니 부와 가난은 인간의 "윤리적 태도"에 따라 가치 혹은 역逆가치로 탈바꿈한다고 그들은 생각한다. 현자는 이렇게 기도하기 때문이다.

    저에게는 당신께 간청할 일이 두 가지 있습니다.
    그것을 제 생전에 이루어 주십시오.

저에게서 사기와 거짓말을 멀리해 주십시오.
저를 가난하게도 부유하게도 마십시오.
먹고 살 만큼만 주십시오.
왜냐하면 너무 배부른 김에 "야훼가 다 뭐냐"고 하며
나는 당신을 배신할 수도 있으며
혹은 너무 가난한 탓에 내가 도둑질하여
내 하느님의 이름에 욕을 돌릴 수 있기 때문이나이다(잠언 30,7-9).

혹은 현자는 부자라고 하여 모두 악인이요 죄인도 아니며, 가난한 자라고 하여 언제나 의인도 아니라고 한다.

죄에 물들지 않은 재산은 좋은 것이다.
반대로 불경한 자는
가난을 언제나 악이라고 말한다(집회 13,24).

그리고 현자들은 사람이 "가난하면서도 정직하게 살 수 있고", "가난하면서도 현자일 수 있다"고 결론내린다.

부정으로 재산을 모아 부자가 되는 것보다
가난해도 정직하게 사는 편이 훨씬 낫다(잠언 28,6; 참조: 19,1).

아무리 나이 많아도
남의 조언을 받아들일 줄 모르는 왕은 어리석다.
그보다는 가난할지라도

슬기로운 어린이가 낫다(전도 4,13).

하여튼 이스라엘의 현자들은 우리가 지금까지 인용한 단언斷言 외에도 일반적으로 가난한 사람들을 이해하고, 그들에게 사회정의를 구현해야 하며 부의 공평한 분배를 실현해야 함을 강조하고 있다. 그들의 태도는 "치자治者들"이 가난한 자들의 편에 서서 모든 지혜를 다해 빈자들을 옹호해야 한다고 요구한다.

현자들이 빈자에게 취한 태도

이스라엘의 현자들은 빈자의 비참을 깊이 이해하고 있으며 빈자를 소외시키는 상황을 예리하게 분석하고 있다.

가난한 사람은 그 이웃에게조차 미움을 받지만
부자이면 그를 사랑하는 자들이 무수히 많아진다(잠언 14,20; 참조: 19,4.6.7; 집회 13,21).

"비참한 가난" pauvreté-misère은 인간을 그 이웃과 일가친척에게서까지도 완전히 소외시키는 법이다. 벤 시라는 사회가 빈자에 대해서 끊임없이 가하는 차별대우를 예리하게 분석하고 있다.

부자는 남을 해치고도 오히려 큰소리를 치지만, 가난한 사람은 피해를 입고도 오히려 사과를 해야 한다. 네가 이용 가치가 있으면 부자는 너를 쓰지만 잇속이 없으면 너를 버리고 만다. 네가 쓸모있을 때, 부자는 너를 치켜올리며, 만면에 웃음을 띠고 희망을 주며 "제가 도와 드릴 일이 없습니까" 하고 감언이설을 아끼지 않으리라. 그는 어리둥절하리만큼 잔치를 베풀고 두 번 세 번 너를 우려먹고 나서 끝내는 너를 만나도 못 본 체 지나친다(집회 13,3-7).

그러므로 가난한 자는 거만한 부자의 올가미와 속임수를 조심하고 힘있는 자들을 멀리해야 한다는 말이다. 사회는 권력자와 부자의 편에 서서 민중과 가난한 자를 끊임없이 소외시키기 때문이다.

부자가 비틀거리면 그 친구들이 붙들어주지만 가난한 자가 넘어지면 그 친구들은 그를 걷어찬다. 부자가 사기를 당하면 많은 사람이 그를 도와주고 허튼소리를 하여도 오히려 그를 찬양한다. 그러나 가난한 자가 사기를 당하면 사람들은 그를 나무라고 이치에 맞는 말을 하여도 아무도 들어주지 않는다. 부자가 말하면 모두가 조용히 듣고, 하늘 끝까지 그의 말을 치켜올린다. 그러나 가난한 자가 입을 열면 "저게 누구냐"고 말하며 귀에 거슬리는 말을 하며 그를 짓밟는도다(집회 13,21-23).

그러므로 가난한 자의 지혜는 아무리 훌륭하더라도 무시당하는 법이다. 지혜 또한 헛된 일이 아닐 수 없다(전도 9,13-16 참조).

현자들은 빚을 갚지 못하여 노예로 팔려간 이들(잠언 22,7)과 굴욕당한 이민자들을 불쌍히 여기며 "부익부 빈익빈"의 스캔들 앞에 크게 분노하고 있다.

모든 짐승은 동류同類와 어울리고
모든 인간은 비슷한 사람끼리 어울린다.

> 이리와 양이 어떻게 서로 짝이 될 수 있으며 …
> 늑대와 개가 어떻게 평화롭게 살 수 있으며
> 부자와 가난한 자가 어떻게 화평하게 살 수 있는가?
> 나귀가 광야에서 사자의 밥이듯
> 가난한 자들은 부자들의 밥이다(집회 13,15-19).

현자들은 가난한 자들의 비참한 생활조건을 잘 알고 있으며 그것을 이렇게 묘사하고 있다.

> 가난한 자는 뼛골이 빠지도록 일을 해도 먹고 사는 것이 고작이요 일을 쉬면 곧장 궁핍하게 된다(집회 31,4).

이스라엘의 현자들은 빈자들에 대해서 무관심하거나 그들을 멸시하기는 고사하고 그들에게 깊은 관심과 동정을 보이고 있음을 우리가 인용한 텍스트들이 증명하고 있다.
  그들은 빈자들의 비참한 생활을 확인하고 동정하는 데만 그치지 않고 그들을 적극적으로 돕고 구제할 것을 가르치고 있다.

> 가난한 사람을 억누르는 자는 그를 지으신 이를 모욕하고, 없는 사람을 동정하는 자는 그를 지으신 이를 영광스럽게 한다(잠언 14,31; 17,5 참조).

이스라엘의 지혜문학은 자주 가난한 자들이 창조주의 편애를 받고 있으며, 또한 창조주는 그들의 보호자라고 강조한다(잠언 14,31; 17,5; 19,17; 21,13; 22,22-23; 23,10; 집회 4,6.10; 34,24). 성서적 지혜문학은 이 점에서 고대 근동의 지혜문학과 크게 차이점을 드러내고 있다. 그러므로 "누구든지 없는 사람에게 적선하는 것은 야훼께 빚을 주는 셈, 야훼께서 그 은혜를 갚아주시게 된다"(잠언 19,17). 야훼께서는 가난한 자의 변호인이자 출애굽의 체험에 따라 억압받는 자의 해방자이기 때문이다.

> 힘 없다고 해서 가난한 사람을 털지 말며, 법정에서 어려운 사람을 짓누르지 말아라. 야훼께서 그들의 송사를 떠맡으시고, 가난한 사람을 수탈하는 자들의 생명을 빼앗으리라(잠언 22,22-23).

그러나 현자들은 현실주의자들이기 때문에 돈을 꾸러 오는 모든 이에게 무조건 돈을 꾸어주는 것을 삼가라고 경고한다.

> 남에게서 꾼 것을 횡재한 것으로 생각하고 자기를 도와 준 사람을 곤경에 빠뜨리는 자들이 많다. 흔히들 돈을 꿀 때까지는 이웃의 손에 입을 맞추고 그의 재산을 극구 찬양하며 굽실거린다. 그러다가 돈을 갚을 때가 오면 날짜를 끌고 갚는다는 말만 되풀이하면서 사정이 나쁘다고 핑계를 댄다. 만일 그런 사람에게 빚 갚을 돈이 있더라도 반을 받으면 다행으로 생각해야 하고, 만일 그런 사람에게 빚 갚을 돈이 없다면 돈은 돈대로 빼앗기고 그 대신 원수 한 사람만 사게 된다. 또한 욕을 먹고 모욕을 당하며 존경 대신에 멸시를 받게 된다. 많은 사람들이 악의가 없으면서도 돈 꾸어주기를 싫어하는 것은 그러한 몇 겹의 손해를 공연히 입을 것이 두렵기 때문이다(집회 29,4-7).

사채놀이와 고리대금을 하는 사람들에게 이것은 유효적절한 교훈이 아닐 수 없다. 그러므로 빚을 얻으러 오는 자에게 무조건 돈을 꾸어주는 것은 현명치 못하며 아무런 관계도 없고 잘 모르는 사람의 경제적 후견인이나 담보를 서지 말아야 한다(잠언 6,1-5; 11,15; 20,16; 27,13). 현자들의 원칙은 간단명료하다.

> 네 능력을 생각하며 이웃을 돕고, 네 자신이 망하지 않도록 조심하여라
> (집회 29,20).

그러나 자신의 현명한 처신을 핑계로 가난한 자를 억압하는 것은 절대 금물이다(잠언 22,22-23; 집회 4,9-10). 현자들은 치자治者들이 가난한 자들의 편에 설 것을 독려하고 있다.

> 너는 할말 못하는 사람과 버림받은 사람의 송사를 위해 입을 열어라. 입을 열어 바른 판결을 내려 불쌍하고 가난한 사람들의 권리를 세워주어라
> (잠언 31,8-9; 시편 72,2-4 참조).

현자들의 견해에 따르면 가나안 사람에게 가한 불의는 "살인"과 동일한 범죄이다. 왜냐하면 그같은 불의는 빈자의 생존권을 위협하기 때문이다.

> 빈곤한 자들의 빵은, 가난한 사람들의 생명이다. 누구든지 그들에게서 빵을 빼앗는 자는 살인자이다. 가난한 자에게서 생존의 수단을 빼앗는 것은 이웃을 죽이는 것이다. 그리고 근로자에게 월급을 주지 않는 것은 피를 흘리게 하는 것이다(집회 34,25-27; 신명 24,6 참조).[1]

---

[1] 공동번역 구약성서에서 집회 34,25-27은 누락되었다.

벤 시라의 이같은 반성은 근로자에게 정당한 월급을 제때에 지불하라는 율법의 요구(레위 19,13; 신명 24,14-15)를 다시 상기시키는 것에 불과하다. 현자들의 이같은 태도는 정의구현의 근본 원인이 "인간 생명"을 존중해야 하는 데 있다는 것을 말해주고 또한 인권운동을 뒷받침하고 있다.

또한 현자들의 기본적인 태도는 부의 공평한 분배를 촉구한다. 분배정의는 법적인 차원에서뿐 아니라 "사랑"과 "기도"의 차원에서 실시되어야 한다. 가난한 자의 필요나 요구에는 지체없이 응해야 한다.

> 너는 들어라, 곤궁한 사람에게 먹을 것을 거절하지 말고, 가난한 사람에게 피눈물을 흘리게 하지 말아라. … 딱한 처지에 놓인 사람을 더 고달프게 하지 말아라. … 궁핍한 사람에게 자선 베풀기를 미루지 말아라(집회 4,1-3; 29,8).

> 도움을 청하는 손을 뿌리치지 말고, 도와 줄 힘만 있으면 망설이지 말아라. 있으면서도 "내일 줄 테니 다시 오게" 하며 이웃을 돌려보내지 말아라(잠언 3,27-28).

도와 주는 자는 도움을 주면서 그 이웃을 탓하거나 굴욕을 주거나 훈계해서도 안된다. 자비를 베푸는 것은 사랑의 행위이기 때문이다(1고린 13,3-6 참조).

> 내 말을 들어라. 남에게 적선을 하면서 욕설을 퍼붓지 말고, 선물을 하면서 듣기 싫은 소리를 덧붙이지 말아라. 밤이슬이 찌는 듯한 더위를 식혀주지 않느냐? 그처럼 따뜻한 말 한마디가 선물보다 값지다. … 어리석은 자는 주지도 않으면서 남을 욕하고, 인색한 자는 선물을 주고도 남을 울린다(집회 18,15-18).

불우이웃을 돕는 것은 사랑의 차원에서만 참다운 가치를 가지는 법이다. 뿐만 아니라 남을 돕는 자는 "왼손이 한 일을 오른손이 모르는" 식으로 돕되, 좋은 일을 했다는 자만심에서 벗어나야 한다.

> 굶주린 사람에게 네 양식을 나누어 주고 헐벗은 사람에게 네 의복을 나누어 주어라. 필요 이상의 물건이 너에게 있거든 그것으로 남을 구제하고 구제할 때에는 아까운 마음을 품지 말아라(토비 4,16).

왜냐하면 "하느님께서는 기쁜 마음으로 주는 이를 사랑하기"(잠언 22,8;[2] 2고린 9,7 참조) 때문이다. 현자는 율법(출애 23,4-5)이 이미 암시한 것처럼 원수까지 도와 주라고 강조한다.

> 네 원수가 주리거든 먹을 것을 주고, 목말라 하거든 물을 주어라. 그것은 그의 얼굴에 모닥불을 피워주는 셈이니, 야훼께서 너에게 갚아주시리라(잠언 25,21-22).

벤 시라의 말대로 원수까지 사랑하는 대자대비가 "모든 인간들에게"(집회 7,33) 적용된다는 것은 바람직하다. 하지만 벤 시라는 죄인들에게 자비를 베풀어서는 안된다는 바리사이적 사상을 벗어나지 못하고 있다(집회 12,1-7; 시편 125,4-5 참조). 예수는 벤 시라의 율법주의적 사고방식pureté légale을 수정하여 적선과 자비의 적용을 모든 인간, 특히 죄인들에게까지 확대시킬 것을 요구하였다(마태 5,43-48; 루가 6,27-36).

---

[2] 잠언 22,8은 70인역에 따라 우리말로 번역되었다.

다음으로 적선하는 것은 참다운 "기도"라는 것을 현자들은 강조한다. 남을 돕거나, 특히 불우이웃을 구제하는 행동은 출애굽의 메시지를 현실화하는 일이며 동시에 하느님의 끝없는 축복의 원천이다. 하느님은 가난한 자를 도와 준 은인의 기도를 즉시 들어주시고 보상해 주시기 때문이다.

> 없는 사람에게 적선하는 것은 야훼께 빚을 주는 셈, 야훼께서 그 은혜를 갚아주신다(잠언 19,17).

> 남에게 은덕을 베푸는 자는 풍부해지고, 남에게 마실 것을 주는 자는 자신의 갈증을 푸는 자이다(11,25).

> 남 보살펴 주는 사람, 곧 가난한 사람에게 제 먹을 것을 주는 사람은 복을 받는다(22,9).

가난한 이웃을 돕는 자의 행동 자체가 기도라는 현자들의 단언이다. 또한 적선을 하는 것은 곧 해방을 의미한다. 불우한 이웃을 돕는 것은 자신과 이웃을 위한 해방이다.

> 네 곳간을 적선으로 채워라. 그러면 네가 모든 불행에서 벗어나리라. 적선은 방패나 창보다 더 강한 무기가 되어, 네가 원수와 싸울 때 네 편에서 주리라(집회 29,12-13; 3,30; 40,24 참조).

그러므로 우리의 기도를 들어주시는 하느님은 해방시키는 하느님이다. 조작된 신화와 발호하는 세도를 쳐부수는 하느님이다. 역사에 개입하여 불의의 체제를 파괴하는 하느님이며, 정의와 자비의 길을 가르치라고 예언자들과 현자들을 불러일으키는 하느님이다. 우리가 성서에서 뵙는 하느님은 노예들을 해방하는 하느님이요, 제국들을 거꾸러뜨리고 압제받는 이들을 들어높이는 하느님이다. 가난한 사람들의 권리를 끊임없이 내세우면서, 그들의 하소연과 기도에 귀를 기울이고 사회에서 그들이 우선적으로 배려되어야 한다는 요구가 지혜문학 전편에 흐르고 있다. 바로 이것 때문에 이스라엘의 빈자들은 가난에도 불구하고 긍지를, 아니 기쁨을 느낄 수 있었다.

결론: 가난한 자의 기쁨

현자들은 빈자들을 멸시하기는커녕 율법이나 예언자들 못지않은 관심을 보였다. 그런데 그들은 법法 제정자와 예언자들과는 달리 빈자들이 정당하게 가질 수 있는 기쁨에 특히 유의하고 있다. 가난한 자들에게 기쁨은 하나의 "권리"와도 같다. 현자들은 욥기의 시인과 함께 "나는 과부의 서러운 마음에 기쁨을 주었도다"(욥기 29,13)라고 부르짖는다. 현자들은 현세적인 재물의 한계를 지적하고 있으며, 가난한 자가 비록 모든 것을 잃어버렸을지라도 기뻐할 수 있는 "가치의 세계"를 자주 언급하고 있다. 물론 그렇다고 해서 그들은 가난이 그 자체로서 가치라고 말하는 것은 아니다. 가난은 언제나 "사회악"으로서 퇴치의 대상인 것이다. 그러나 부 그 자체가 모든 행복과 기쁨을 보장한다는 것은 아니다. 공자는 "가난하면서도 아첨하지 않고, 부자이면서도 교만하지 않으면 어떻습니까?"(貧而無諂, 富而無驕, 何如)라는 물음에 대해, "좋지, 하나 가난하면서도 즐거워할 줄 알고 부자이면서도 예를 좋아하는 사람만은 못하지"(可也, 未若貧而樂, 富而好禮者)라고 하였다. 무릇 인간은 부富에 교만하지 않고 빈貧에 비굴하지 말아 여유와 기쁨을 가져야 한다는 교훈이리라. 이스라엘의 현자들도 공자와 똑같은 가르침을 펴고 있다.

> 재산이 많다고 우쭐대다가는 쓰러지지만, 의롭게 살면 나뭇잎처럼 피어난다(잠언 11.28).

> 돈을 사랑하는 사람치고 돈으로 만족하는 사람이 없고 욕심부린다고 더 생기는 것도 아니다. 그러니 이 또한 헛된 일이다. 재산이 많으면 그만큼 먹여 살릴 사람이 많은 것, 그러니 많은 재산은 그 주인에게 아무 소용이 없으며 눈요기밖에 될 것이 없기 때문이다(전도 5.9-10).

> 막일을 하는 사람은 많이 먹든 적게 먹든 단잠이나 자지만, 부자는 아쉬운 것 없어도 뒤채기만 하며 제대로 잠을 못 이룬다(전도 5.11).

빈자는 부자보다 더 단순하고 행복한 삶을 영위할 수 있다는 말이다. 또한 모든 재산은 그것이 불의한 수단으로 얻어졌을 때 한낱 바람처럼 사라지는 "환상"에 불과하다. 그러니 인간이 아무리 애써 모은 재산이라도 재산은 인간을 구하지 못한다.

> 내 세월을 한뼘으로 줄이셨으니
> 내 목숨은 당신 앞에 거의 없는 것,
> 사람이란 모두가 날숨과 같으오이다.

> 그림자처럼 인생은 지나가고
> 부질없이 소란만 피우는 것
> 재산을 모으고 쌓아도
> 그 차지할 자 누구인지 모르나이다(시편 39,6-7; 49,11).

현자도 시인과 똑같은 말을 하고 있다.

> 부자가 되려고 애쓰지 말고, 그런 생각마저 버려라. 재물은, 한눈 파는 동안에 날개가 돋아 하늘로 날아가는 독수리처럼 사라지고 만다(잠언 23,4-5).

> 거짓말하는 혀로 재산을 얻으려고 애쓰는 것은, 죽음을 향해 줄달음치는 사람들의 환상과도 같다(잠언 21,6; 28,8; 전도 6,2).

그리고 세상에는 황금으로 절대 살 수 없는 것이 있다. 아가의 신부는 "사랑의 절대적인 성격"을 이렇게 노래하기 때문이다.

> 당신 마음 위에다 이 몸 인(印)쳐 주세요
> 팔에다도 그렇게 해주세요
> 사랑은 죽음처럼 힘이 억센 것
> 질투는 무덤처럼 정이 없는 것
> 사랑의 화살은 불로 된 화살
> 큰물도 사랑만은 끌 수가 없고 강물도 쓸어가지 못하옵니다.
> 사랑을 산답시고 몽땅 재산을 내놓는 사람
> 그 사람 얻는 것은 멸시뿐이리(아가 8,6-7; 시편 49,6-9 참조).

가난하더라도 사랑하는 자 참된 기쁨을 가질 수 있다는 말이리라. 그리고 현자들이 빈자들에게 내세우는 참된 기쁨의 원천은 다음과 같은 "가치들"이다. 즉, "야훼를 두려워함"(잠언 15,16) · "애정"(15,17) · "정의"(16,8) · "성실과 자비"(19,22) · "명예"(22,1) · "정직"(28,6) · "겸손"(29,23) · "건강"(집회 30,14) 그리고 특히 "지혜"(잠언 16,16; 전도 9,16; 1열왕 3,11-14; 욥기 28,15-19; 잠언 2,4; 3,15; 8,11; 11,4; 지혜 7,8-11) 등은 그 어느 재산보다 더 귀중하며 세상의 부$_富$가 줄 수 없는 기쁨의 원천이다.

> 의인이 가지는 작은 것이
> 악인의 큰 재산보다 훨씬 나으니
> 악인의 팔은 꺾이어도
> 의인은 주께서 붙드시기 때문이다(시편 37,16-17; 72; 119,14.36; 127).

사실 재산은 부차적인 것에 불과하니, 이차적인 것에 자신의 전존재를 거는 자는 큰 곤경에 처하게 된다.

> 가난한 자가 그 지혜 때문에 존경을 받고 부자는 그 재산 때문에 존경을 받을 수 있다. 만일 어떤 이가 가난 속에서도 존경을 받는다면 부자가 되었을 때 그는 더 큰 존경을 받지 않겠느냐? 반대로 그가 부자이면서도 경멸을 받는다면, 그가 가난하게 되었을 때에는 더 큰 경멸을 받지 않겠느냐?(집회 10,30-31).

그러나 가난한 자가 기뻐할 수 있는 가장 중대한 원인은 그의 "기도"를 주님께서 반드시 들어주신다는 확신 때문이다. "억압받는 자들의 부르짖음을 그분은 꼭 들어주신다"(욥기 34,28). 왜냐하면 "가난한 자의 입술에서 나오는 기도는 하느님의 귓전에 다다르며, 하느님은 지체없이 정의의 판결을 해주시기 때문이다"(집회 21,5). 이제 우리는 가난한 자들의 그 기도에 대해서 볼 차례이다.

가난한 자들의 기도

이스라엘의 가난한 시인들은 인간의 품위를 격하시키는 가난의 스캔들 앞에서 무엇보다 먼저 하느님께 시선을 돌렸다. 시편은 빈자들의 기도로 가득차 있다. 빈자들은 하느님의 도우심에 끊임없이 호소하고 있다(시편 10,12; 25,16; 40,18; 69,30; 70,6; 72,3; 74,19.21; 86,1; 88,16; 109,22). 가난한 시인들이 하느님께 호소한 것은 하느님께서 가난을 쳐부수려고 역사 안에 개입하시리라는 "희망"을 가졌기 때문이다(시편 9,13.19; 10,17; 12,6; 14,6; 18,28; 22,27; 25,9; 37,11; 76,10; 140,10). 야훼는 가난한 이를 구하는 "해방자"이기 때문이다.

> 내 모든 뼈가 아뢰오리다.
> "야훼님, 당신과 견줄 자 누구오리까?
> 당신은 권세있는 자에게서 없는 이를,
> 수탈하는 자에게서 가난하고 불쌍한 이를 구하시거늘"(시편 35,10).

또한 예언자들이 제시한 희망과 약속 안에 다시 오실 왕, 시온에 착좌한 "메시아"(이사 11,4; 14,30-32; 25,4; 26,6; 29,19; 41,17; 49,13; 51,21; 54,11; 61,1)는 가난한 이들에게 "넉넉히 먹고 살게 강복하여 주시고, 가난한 이 배부르게 빵을 주시는 분"이다(시편 132,15).

시인은 또한 현자들과 같이 가난한 자가 부자의 착취에서 벗어날 희망찬 미래를 믿었다.

> 야훼는 그들(부자)의 입에서 파산한 이를, 강자의 손에서 빈자를 구하시기에, 가난한 자는 희망을 가지고 불의는 제 입을 막을 것이기 때문이다(욥기 5,15-16; 36,6-15; 잠언 28,8).

비참과 가난에서 구원받은 가난한 이들은 예레미야 20,13에서처럼 하느님께 감사의 기도를 바치고 있다. 그들은 이미 가난한 자의 기쁨을 노래하고 있다.

> 없는 이 보고들 즐거워하라.
> 주를 찾는 너희 마음에 생기를 돋구어라.
> 가난한 이의 소청을 들어주시고
> 사로잡힌 이를 어여삐 여기시는 야훼님 아니시냐(시편 69,32-33; 22,25; 34,3.7; 68,11; 107,41; 109,31; 113,7; 147,6; 149,4; 1사무 2,8; 하바 3,14).

문제는 시편이 말하는 가난한 자들이 누구인가이다. 가난한 이들은 오늘의 사회학이 말하는 "경제적 약자들"만을 가리키지는 않기 때문이다. 가난한 이들'anawim'의 모습은 여러 가지로 고통을 당하여 불행한 자들, 고뇌에 빠져 있는 자들로 나타나기도 하기 때문이다. 시편의 빈자들이 기도 가운데 표현한 고통은 반드시 물질적 빈곤만은 아니다. 그 고통은 고독과 소외 같은 "정신적 차원"도 포함하고 있다. 그런 이유로 시편의 그리스어 역자들(70인역)은 고통의 원인보다는 불행에 대한 인간의 태도에 더 역점을 두게 되었으며, 기도 가운데 표현된 불행을 "경제적 빈곤"을 뜻하는 "프토코스"ptôchos 혹은 "빈자"를 뜻하는 "페네스"pénès가 아니라 "겸손한 자"를 뜻하는 "프레우스"praüs라고 번역함으로써 성서 속의 "가난한 이들"의 참뜻을 왜곡시키지 않을 수 있었다. 그리스어 역자들에게 히브리어 표현 "아니, 아나빔"'ani, 'anawim은 가난에 짓눌려 겸손의 태도를 가지게 된 자들인 것이다. 하여튼 빈자('anawim)의 정체는 아직도 성서학계에서 토의의 대상이 되고 있다. 대부분의 주석가들은 그레츠 H. Graetz(1882~1883), 룁I. Loeb(1892), 랄프A. Rahlfs(1892) 등의 의견에 따라 "아나빔"이 유배 이후에 형성되기 시작한 "경건한 자들"의 무리로서 이교도의 정신에 물든 "악인들"reš'aim(불경한 자들)과 대치한 인물들이라는 주장을 하게 되었다. 불경하고 신앙을 저버린 악인들 앞에 가난한 이들은 참된 이스라엘 사람이라는 자기의식을 가졌다는 것이다. 반대로 어떤 주석가들은 "아나빔"들이 사회적인 단체로 등장하였다는 예의 주장에 유보적인 태도를 취하고 있다(H. Birkeland, 1933; J. van der Ploeg, 1955). 즉, 가난한 이들은 종교적 운동을 벌이던 무리들로서 가난의 "정신적 차원"에 집착했다는 주장을 하고 있다. 하지만 시편이 말하는 가난을 극단적으로 "영성화"spiritualiser해서는 아니된다. "아나빔"들이 기도할 때 진정 "경제적으로 극빈자의 처지"에 있었다는 것을 간과할 수 없기 때문이다.[3] 절랭[4]과 조르주[5] 등은 가난에 관한 성서사상을 영성화하는 경향이 있다. 반대로 듀

---

[3] E. PERCY는 그의 저서 *Die Botschaft JESU*, Lund 1953, 47-63에서 가난의 경제적 원인을 깊이있게 분석하고 있다.

[4] 가난을 지적하는 성서적 어휘 연구에 대해서 A. GELIN, *Les Pauvres de yahvé*, Paris 1967 제2장; J. DUPONT, *Les Béatitudes* t.2, Paris 1969, 19-34.

뽕[6]은 "물질적으로 가난한 사람들은 하느님 나라를 받아들일 정신 자세가 더 용이하기 때문에 행복하다"는 해석을 거부한다. 가난은 악이며 따라서 역사 속에서 완전히 실현되고 인간 실존의 전(全)영역을 총괄할 하느님 나라와 양립할 수 없다. 따라서 시편의 어떤 노래들은 가난의 경제·사회적 차원을 분명히 포함하고 있으며, 빈자들이 기도할 때 하나의 사회악인 가난을 "퇴치해 달라"고 야훼께 호소하고 있다.

> 야훼님 … 당신은
> 권세있는 자에게서 없는 이를
> 수탈하는 자에게서 가난하고 불쌍한 이를
> 구하시나이다(시편 35,10; 37,14).

시편 37의 "아나빔"(가난한 자들)은 경제적으로 착취당하고 사회적으로 소외된 자들이다. 가난한 이는 악인들의 중상모략에 허덕이며(14.32.35절), 사회적 투쟁에서 희생당하고(7.12절), 유산을 빼앗기며(11.16절), 굶주림에 시달리고(19절), 대부를 해주고도 원금을 찾지 못한다(21절). 반대로 의인은 무상으로 꾸어주고(21.26절) 정직하며(30절) 하느님의 법도에 따라 걷는 자이다(31절). 시편 49의 가난한 이도 파산하여 불행한 날(6절)을 언급하고 있으며, 악인들을 "재산을 믿고 전량(錢糧)의 많음을 자랑하는 자들"(7절)로 부르고 있으며 토지를 온통 독차지하여 "땅들을 제 이름지어 불렀다"(12절)고 하였다. 시편 73의 빈자들은 분명히 경제적으로 착취당하고 있

---

[5] A. GELIN, op. cit., 108; A. GEORGE의 입장에 대해서 Pauvre dans l'Ancien Testament, S.D.B. VII, col. 402.

[6] J. DUPONT, op. cit. (1969), 141-2.

는 약자들이다. 악인들은 벼락부자들이 되어 "하늘을 거슬러 입을 마구 놀리고 혀로는 땅을 휩쓰는"(9절) 자들로서 "교만은 그들의 목걸이요 폭력은 그 입은 옷으로 삼은"(6절) 자들로서 마구 약자를 착취하고 압박하는 자들이다(7-8절). 그들은 "인생의 고초를 겪지도 않고 남들처럼 고생도 하지 않았는데"(5절) "몸은 항상 편한 채 재산만 늘어난다"(12절).

시인은 부익부 빈익빈의 스캔들을 고발하고 있다. 시편의 빈자들은 분명히 이런 기도에서 물질적 빈곤에 허덕이고 있음을 불평하고 있으며 "참여시인으로서" 좀더 나은 사회정의의 구현을 외쳤던 것이다. 가난한 시인들이 외친 것은 인간의 품위를 떨구는 비참한 빈곤에서의 해방이었다. 야훼께서 가난한 이들에게 베푸는 것은 먼저 물질적 혜택이다(시편 107,35-43; 144,13).[7] 그러므로 시편이 하느님 앞에 선 가난한 자들의 "겸손"을 말한다고 해서, 그들이 실제로 물질적 빈곤에 시달리고 경제·사회적으로 소외되어 있었다는 사실을 잊어서는 안된다.

착취자 원수들

원수들은 "제 속으로 이르기를 '신은 없다'고 하는 불경한 자들"로서 "떡 먹듯 내 백성을 삼키는 자들이요, 주님을 부르지 아니하는 자들"이다(시편 14,4; 53,5). 가난한 시인들은 원수들에 대하여 가차없이 빈자들을 착취하는 사자와 사기꾼, 위선자들에 비유한다. 악인들은 "사자처럼 가난한 자 목숨 앗아 발기발기 찢으며"(7,3; 10,9), "거만한 자들, 빈자 몰래

---

[7] M. CLÉVENOT, *Approches matérialistes de la Bible*, Paris 1976, 176 이하.

올무를 놓고 그물처럼 줄을 펼쳐놓으며, (빈자가) 가는 길머리에 덫을 놓아두는 자들"이다(140.6). 시편이 불평하고 고발하는 악인들은 자신의 권리를 보호할 길이 없는 가난한 자들을 수단과 방법을 가리지 않고 수탈하고 억압하는 "경제적인 착취자들"이다. 그 착취자의 모습을 시인은 이렇게 묘사하고 있다.

> 마을 으슥한 곳에 숨어 앉아서
> 죄없는 사람을 몰래 죽여버리고
> 가난한 이를 눈으로 그는 살피나이다.
> 굴속의 사자처럼 으슥한 데서 노려보며
> 가엾은 이 움키려 노리다가는
> 가엾은 이를 낚구어서 그물로 재치나이다.
> 무도한 자 구푸리어 깔고 있는 바람에
> 없는 사람 그 힘에 눌려 쓰러지나이다(시편 10.8-10; 64.4 참조).

원수들은 "과부와 이민자를 학살하고 고아들을 죽이는 자들"이다(시편 94.6). 그러므로 이들은 예루살렘과 나라 안 촌읍의 범죄단(Maffia)에 속한 자들로서 가난한 자들을 살인하면서까지 착취하는 자들이다. 원수들은 예루살렘의 고관들이자 빈자들을 사정없이 수탈하는 이스라엘의 거부들이다(아모 8.4-10; 2.6-8 참조). 오늘날 그리스도인들은 시편을 읽을 때 시인들의 애절한 기도와 분노 뒤에 빈자들의 정의를 위한 "사회적 투쟁"이 숨어 있다는 것을 너무도 쉽게 잊고 있다.

그같은 노래는 "사람들이 서로가 짐승들처럼 되어"(전도 3.18) 약육강식하고 있으며 경제적으로 약한 자들은 매일매일의 생존을 위해서 착취자들을 거슬러 투쟁해야 하는 사회를 전제하고 있다. 이같은 사회상은 시인들이 외치는 복수와 저주를 충분히 이해하게 해준다. 분노한 시인은 착취자들이 가하는 그만큼의 불행을 그들에게 야훼께서 내려주시도록 당부하는 것이다. 복수의 청원은 매우 구체적으로 표명된다. 시인은 거짓 고소자와 원수들에게 야훼께서 다름아닌 죽음을 내리시도록 간청한다. "야훼께서는 악인과 망나니들 위에 작열하는 숯불과 유황을 빗발처럼 쏟으소서"(시편 11,6: 140,11) 하고 시인은 부르짖는다. "죽음이 그들 위에 덮쳐오거라, 산 채로 그들은 셰올(지옥)에 내려가라"(55,15) 하고 저주하며 시인은 "복수심"에 떨고 있다. 어떤 곳에서는 착취자 원수들에 대한 복수심이 마치 조선 시대에 역도(逆徒)들에 대한 앙갚음, 즉 능지처참이나 삼족멸살을 연상케 한다. 시편 109,6-20에서 가난한 시인은 복수행위의 "목록"을 작성하여 야훼께 제출한다. 시인은 정의의 부패가 그토록 극한 상황에 이르렀기 때문에 야훼께 이렇게 청원한다. "그(악인)를 거슬러 (다른 또 하나의) 악인을 내세우소서." 이제 그 악인은 거짓 고소자의 오른편에 서서 다시 가난한 시인의 원수를 보복하게 된다(6절). 악인의 수명은 단축되고, 그의 직책일랑 남이 맡아야 한다(8절). 그 자식들은 고아가 되고 아내는 과부가 되어야 한다(9절). "원수의 후손이 영영 끊어지고 그 이름은 다음 세대에 없어지게 하소서!"(13절). "주님은 그 조상의 허물을 잊지 마시고 그 어미의 죄악도 지우지 마옵소서!"(14절). "그 죄악 언제나 주님 앞에 있게 하사, 그들의 기억마저 땅에서 뽑아버리소서"(15절). 시인의 증오는 일곱 번씩이나 앙갚음하는 지속적인 복수를 야훼께 청원하기까지 정열적이다.[8] 시인이 늘 노심초사하는 것은 가난한 자의

---

[8] 서인석, 「복수와 저주의 시편」, 『신학전망』 23 (1973), 92-116.

정당한 생존권이 박탈당하지 않고 정의를 어떤 역경에도 불구하고 옹호하는 데 있다. 착취하던 원수들은 야훼의 보복을 체험하고 나서야 자신들이 빈자들에게 가한 불의를 깨닫고 반성하게 되리라.

해방자 야훼

시편의 가난한 이들은 거의 절망적인 사회 상황 앞에서 시선을 하느님께 돌려 애원의 기도를 바친다. 그들은 "하느님께서 가엾은 몸 한을 풀어주시고 없는 이들 편들어 주심을 알기 때문"이다(시편 140,12). 이 구절에서 "가엾은 몸"('ani)은 경제적으로 가난하거나 병고病苦 혹은 불의 등에 고통을 당하는 자를 지적하며, "없는 이들"('ébyôn)은 경제적 빈곤에 허덕이는 "거지 신세"를 뜻한다. 야훼의 가난한 이들은 주님께 도우심을 간청한다.

> 주님은 가엾은 이들('anawim) 소원을 들으시고
> 귀기울이시어 그들 마음을 굳세게 해주시와
> 억눌린 자, 고아들은 권리를 찾게 하시기 때문이다(시편 10,17-18).

야훼의 가엾은 이들은 온갖 불의의 희생물이 되어 굴욕당한 이들로서 오직 하느님께만 신뢰를 두게 된 깊이있는 종교인들이다. 그들은 거의 절망적인 상황 속에서도 희망을 잃지 않는 자들이다. 하느님 앞에 온갖 겸손을 다하여(미가 6,8) "주여 귀를 기울이시어 들어주소서. 불쌍하고('ani) 가난한 이 몸('ébyôn)이외다"(시편 86,1; 109,22) 하고 애원하는 이들이다. 따라

서 그들은 현세적 권력이나 치자治者들에게 아무런 기대도 신뢰도 두지 않는다. 왜냐하면 인간은 기어코 사멸하고 말기 때문이다(시편 49,13.21; 82,7). 무력한 인간이 인간을 도와 구제할 수는 없는 일이다(시편 56,12; 60,13; 108,13). 인간적 권력의 한계점을 꿰뚫어본 가난한 시인은 사람이 그 아무도 치자에게 신뢰해서는 안된다고 외치고 있다.

> 대관大官들일랑 그 누구도 너희 구원인 양 믿지 말라.
> 아담의 아들은 구원을 갖지 못한 것
> 숨 한번 끊어지면 흙으로 돌아가느니
> 그때엔 그의 모든 생각 또한 사라지리라(시편 146,3-4; 참조: 118,9).

시인들은 "임금의 힘이 정의를 사랑하고 법과 정의를 베푸는 데 있다"(시편 99,4)는 것을 잘 알고 있고, 사람들이 참된 임금에게서 기대하는 것은 "그가 억울한 백성을 보살피고, 가난한 사람들을 구하여 주며, 착취하는 자들을 쳐부수는 것"(72,4)이라는 것을 또한 알고 있었다. 그러나 이스라엘의 가난한 시인들이 체험한 왕들과 판관들은 "그릇되이 판단하며, 악한 자를 두둔하였던" 것이다(82,2). 이스라엘의 역대 왕들의 법정은 "법의 허울로 비참을 조장하는 범죄자의 왕좌"(94,20)였다고 시인은 한탄하고 있다.

시인들은 이제 예언자들이 선포한 참된 왕에게로 시선을 돌린다. 그 왕에 대해서 그들은 이렇게 노래한다.

> 정의와 법은 당신 왕좌의 바탕,
> 사랑과 진실은 당신의 길잡이외다(시편 89,15).

그 왕이 오시면 "온 세상을 정의로 다스리시고, 공평하게 백성을 다스리시게 된다"(시편 98,9). 가난한 자들은 이 참된 왕에게 마치 권력자가 약자를 동정하여 돕듯이 하여 줄 것을 원하기보다는 그들의 정당한 권리가 복구될 것을 요구하고 있다. 그들은 세상의 임금들에게 이같은 권리 요구를 포기한 지 오래되었다. 하여 하느님만이 자기네의 빼앗긴 권리를 되찾아줄 수 있는 유일한 "판관"이란 것을 가난한 시인들은 고백하고 있다. 하느님은 "고아들의 아버지, 과부들의 보호자이시기 때문이다"(68,6). 그리고 "주님이 심판하러 일어나실 때"(76,10: 참조: 12,6: 82,8: 94,2),

> 억울한 사람들을 정의로 판단하시며
> 굶주린 이에게는 빵을 주시고
> 주님은 사로잡힌 이를 풀어 주시고
> 주님은 소경의 눈을 열어 주시며
> 주님은 억눌린 이 일으켜 주시고
> 주님은 의로운 이들을 사랑하시며
> 주님은 이민자들을 지켜 주시고
> 고아와 과부를 보호하시나
> 악한 자의 길만은 어지럽게 하신다(시편 146,7-9).

시인이 이렇게 묘사한 판관은 이제부터 가난한 자를 자유롭게 하는 "해방자"가 된다. 가난한 이들은 이 해방자의 빠른 왕림과 구원을 고대한다.

> 나는 가난하고 불쌍하오니, 주여 나를 보살펴 주옵소서.
> 날 구하고 돌보실 분 당신이시니,

야훼님 더디 오지 마시옵소서(시편 70,5; 40,18).

이스라엘에서 판관의 역할은 올바르게 재판하는 것뿐 아니라 모세·드보라·기드온처럼(판관 5-6장) 원수 백성의 침략과 압제에서 이스라엘을 해방시키는 것이다. 이런 의미로 야훼는 이스라엘의 해방자로서 "잔인무도한 착취자들의 손에서" 빈자들을 구출한다(시편 71,4). 가난한 이를 감옥에서 해방하는 그분은 "복수의 하느님"이다(142,8; 68,7 참조). 복수의 하느님(94,1)은 가난한 자들을 사리사욕의 도구로 전락시킨 착취자들을 복수하고 빈자들의 권리를 되찾아준다. 가난의 시련과 굴욕적인 소외감 안에서도 시편의 빈자들은 이 판관, 바로 이 유일한 해방자에게 전적인 "신뢰"를 둔다. 하느님은 그들에게 "피난처"(9,10)이자 "막강한 군대", "성채"요 "방패"(28,7-8)이며, 적군이 쳐들어올 때 피난하는 "은신처"이다(64,11; 142,6 참조). 시인이 이상과 같은 "전투용어"로써 하느님 야훼를 묘사한 것은 시편의 가난한 자들의 눈에 야훼가 그들과 함께 정의구현을 위해 열렬한 투쟁을 벌이는 "투사"로 비쳤기 때문이리라. 그 신적 투사鬪士 덕분으로 이스라엘의 빈자들은 언젠가는 하느님의 승리에 참여하게 되고 그분의 영광과 권력을 "나누어 받게" 될 것이다. 빈자들은 하느님 "권력의 동참자"associés au pouvoir가 되리라는 것을 이렇게 노래한다.

> 야훼 당신은 없는 이를 티끌에서 일으키시고
> 가난한 이 거름에서 빼내시어
> 당신 백성의 왕자들 그 왕자들과
> 한 자리에 앉게 하시도다(시편 113,7-8).

빈자의 기쁨

마치 전사戰士가 "성채"와 "방패"에 의지하듯 가난한 이는 판관이시요 해방자이신 야훼께 의존하고 전적인 "신뢰"를 두게 된다. 하느님을 보호자요 해방자로 둔 빈자는 그분에게서 참다운 기쁨의 원천을 발견한다. 가난한 시인은 그 기쁨을 이렇게 노래하고 있다.

> 당신을 피난처로 가진 자, 모두들 기뻐하리.
> 그들은 언제나 즐겨 용약하고
> 당신은 그들은 피신시켜 주시며
> 당신 이름을 사랑하는 자들에게
> 당신은 기쁨 넘치는 소리를 지르게 하시도다.
> 야훼님, 주께서는 의인에게 복 주시고
> 사랑으로 방패삼아 감싸주시나이다(시편 5,11-12: 참조: 64,11).

물론 가난한 자가 비록 하느님을 "후견인"으로 가지고 있을지리도 "하느님의 침묵" le silence de Dieu 앞에서, 또한 "악한 자의 잘되는 꼴을 바라보면서" 그들은 "내 발은 아슬아슬 헛디뎌지고 걸음은 비슬비슬 넘어질 뻔하였으니 어리석은 자들을 시새운 탓이로라"(시편 73,2-3)고 하며 신의 능력을 "의심할 수도" 있다. 그리하여 빈자들은 "보라, 그들은 악인이어도 몸은 항상 편한 채 재산만 늘어나니 그렇다면 내 마음을 깨끗이 지닌 것이, 죄 없게 손을 씻은 것이 허사였던가"(73,13-14) 하며 착하고 정직한 삶을 뉘우치고 "나도 차라리 그 악인들처럼 약삭빠른 계산이라도 해볼까"(73,15) 하는 "유혹"을 받게 된다. 그러나 그들은 종내 "하느님 곁에 있는 것이 내게는 행복, 이 몸 둘 곳 야훼님, 나는 좋으니, 하신 일들 낱낱이 이야기하오리다"(73,28)라고 말하며 야훼께 전적인 신뢰를 두게 된다. 기쁨에 가득찬 시편의 가난한 이들의 확신은 참된 기쁨, 복음의 참된 행복$_{beatitudo}$을 예고한다.

"온순한 이들은 땅을 차지하고 태평$_{太平}$을 누리리라"(시편 37,11)는 선언에서 이스라엘의 가난한 시인은 "행복하여라 온유한 사람들, 그들은 땅을 차지하리라"(마태 5,5)는 예수의 산상설교를 애타게 기다린 것이다.

맺는 말

율법과 예언서 그리고 현자들과 시인들은 성서문학 안에서 "가난한 자들의 권리"·"가난한 자들의 목소리"·"가난한 자들의 기쁨"을 우리에게 발견케 해주었다. 필자가 이 소책자를 써내려가는 도중 인용하고 분석한 성서 텍스트 가운데서 우리가 살고 있는 세계가 끊임없이 마치도 그림자마냥 따라다녔다는 것을 솔직히 인정하지 않을 수 없다. 그것은 필자가 그리스도교적 신앙에 의거하여 오늘을 살고 있는 크리스천으로서 빈자들의 고뇌와 희망을 성서의 하느님에게 물어보았기 때문이다. "압박과 해방"opression / libération이라는 신학적 도식 안에서 우리의 신앙은 압제받고 착취당하는 빈자의 편에 서야 한다는 것을 알게 해주었다. 복음적 가난의 의미의 발견, 가난한 자들과의 연대의식, 가난을 낳는 사회 부조리에 대한 고발정신, 인간의 품위를 떨어뜨리는 "비참한 가난"에서의 해방의 실천praxis de la libération, 그것은 출애굽과 예수 그리스도의 파스카의 신비와 연결되어 있음을 부인할 수 없다. 사회악인 가난의 "종살이"에서 "해방"에로 나아가는 크리스천의 "자유"는 우리 시대의 인간들에게도 유효한 성서의 메시지가 아닐 수 없다. 죄악의 결과인 "비참한 가난"la pauvretémi-sère과 사회불의에의 종살이를 지나(파스카의 신비) 하느님을 섬기고 이웃 — 특히 가난한 자 — 을 사랑하는 "새 인간"으로 탄생한 크리스천은 성령에 의한 삶을 지향하게 되리라. 그러나 새로운 인간에로의 "유월"逾越이

가능하기 위해서는 다음과 같은 조건이 요구되고 있다.

즉, 이 조건은 오늘을 살고 있는 크리스쳔이 구체적으로 실천해야 할 하느님 말씀의 메시지를 담고 있다.

만일 우리 사회가 "가난한 자들의 권리"를 인정하고 최우선으로 보호하지 않으면, 우리 사회는 법이 없는 사회가 될 것이다. 그 이유는 사회적 균형을 유지하기 위해서 필수조건인 바 "공정한 법"은 그 사회의 정의가 보장받을 수 있는 마지막 "보루"이기 때문이다. 폭력·이익의 절제없는 추구, 배금주의와 경제적 착취는 정치적 억압을 낳고 드디어는 법을 무기력하게 만들 것이다.

만일 우리 사회가 "가난한 자들의 외침"을 억압한다면 우리 사회는 "예언자들이 없는 사회"가 될 것이다. 예언자의 목소리가 침묵하는 사회는 온갖 죄악과 사회불의에도 불구하고, 편안히 잠든 양심을 일깨울 "불침번"이 없는 사회가 될 것이기 때문이다. 이때 우리 사회는 폭력과 이기주의의 "암흑" 속에 헤매게 될 것이다.

만일 우리 사회가 "가난한 자들의 기쁨"을 빼앗는다면, 우리 사회는 자기에게 고유한 "역사의 새로운 장"을 쓰는 데 무능한 사회가 될 것이다. 기쁨이 없는 곳에 그 누구도 좀더 나은 미래, "새 하늘·새 땅"의 "신세계"에로 시선을 돌리지 않고, 또한 기쁨이 없는 사회는 "희망"이 없기 때문이다. 예언자들과 시인이 그리워하던 신세계·신인간의 희망은 복음적 기쁨(마태 5,3)의 원천이리라.

그러므로 오늘을 살고 있는 크리스쳔들이 어두운 이 세대의 인간들에게, 특히 가난한 사람들에게 그들의 "권리"·그들의 "외침"·그들의 "기쁨"을 보장해 줄 때, 우리 사회는 "율법과 예언서 그리고 성문서집"의 중심사상을 실천하는 밝은 사회가 될 수 있을 것이다.